# Motivação
## Hoje e Sempre

Paulo Henrique de Araújo

# Motivação
## Hoje e Sempre

QUALITYMARK

Copyright© 2003 by Paulo Araújo

Todos os direitos desta edição reservados à Qualitymark Editora Ltda.
É proibida a duplicação ou reprodução deste volume, ou parte do mesmo,
sob qualquer meio, sem autorização expressa da Editora.

Direção Editorial
SAIDUL RAHMAN MAHOMED
editor@qualitymark.com.br

Produção Editorial
EQUIPE QUALITYMARK

Capa
WILSON COTRIM

Editoração Eletrônica
EDIARTE

CIP-Brasil. Catalogação-na-fonte
Sindicato Nacional dos Editores de Livros, RJ

A69m

Araújo, Paulo

    Motivação, hoje e sempre / Paulo Araújo. — Rio de Janeiro : Qualitymark, 2003

Inclui bibliografia
ISBN 85-7303-444-0

1. Motivação (Psicologia). 2. Sucesso. 3. Motivação no trabalho. I. Título.

03-1557

CDD 153.8
CDU 159.947.5

2004
**IMPRESSO NO BRASIL**

**Qualitymark Editora Ltda.**
Rua Teixeira Júnior, 441
São Cristóvão
20921-400 – Rio de Janeiro – RJ
Tel.: (0XX21) 3860-8422

Fax: (0XX21) 3860-8424
www.qualitymark.com.br
E-Mail: quality@qualitymark.com.br
QualityPhone: 0800-263311

*Os anos não passam apenas porque os relógios não param, porque o sol não se cansa ou porque as estrelas adormecem.*

*Não constituem uma simples sucessão de minutos, nem servem apenas para formar lembranças ou trazer saudades.*

*Eles passam para que possamos compreender a nós mesmos e, principalmente, para que aprendamos a ouvir e entender nossos semelhantes.*

Denise de Fátima de Araújo

À minha irmã Ana Paula, cuja garra e entusiasmo me contagiam.

A Rose e Waldemar (in memorian), Queridos Pais com que a Vida me Presenteou.

A Denise e Felipe, fontes de minha inspiração e razão de viver.

A Deus, pelo dom da vida e minhas realizações.

# SUMÁRIO

- Introdução .................................................................................. 1
- Caos e Incerteza ......................................................................... 3
- Procura-se... ............................................................................... 8
- A Organização do Século XXI ..................................................... 10
- Faça a Diferença ........................................................................ 13
- Quer Ser um Talento? ................................................................ 16
- O Talento Faz Acontecer ............................................................ 19
- Aposte em Você ......................................................................... 22
- Onde Estão os Talentos? ............................................................ 26
- Ser Diferente .............................................................................. 29
- Dez Dicas Extremamente Simples para Alavancar a Sua Carreira ...................................................................................... 31
- Atitude é Tudo! .......................................................................... 36
- Acredite em Seus Sonhos ........................................................... 40
- A Hora e a Vez do Trabalho em Equipe ..................................... 44
- Criatividade nos Novos Tempos ................................................. 48
- Exercite o Ridículo ..................................................................... 51
- Medo de Mudar? ....................................................................... 53
- Cliente-Fã .................................................................................. 56
- A Importância do Cliente Interno ............................................... 61
- O Marketing é Você Quem Faz .................................................. 65
- Ouça o Seu Coração .................................................................. 69
- Escreva Sua História .................................................................. 72

- Tempo é Vida .................................................................. 75
- Sem Medo de Ser Feliz ..................................................... 80
- Pessoas Comuns, Resultados Extraordinários ................ 84
- Venda Suas Idéias ........................................................... 88
- Lidere pelo Exemplo ........................................................ 92
- Verdades que o Mundo Conta ........................................ 96
- O Trem .............................................................................. 98
- O Cachorrinho e a Pantera ........................................... 100
- O Vaso e a Vida .............................................................. 102
- O Frio que Mata ............................................................. 104
- A Sala de Aula ................................................................ 106
- A Mesa do Velho Avô ..................................................... 108
- Pote Rachado ................................................................. 110
- Se Você Recebesse um E-Mail de Deus ....................... 112
- A Máscara do Sorriso .................................................... 114
- Olimpíadas de Seattle ................................................... 116
- Damon e Pítias ............................................................... 117
- Gratidão .......................................................................... 120
- Pai, Você Tem 1 Real para me Emprestar? .................. 122
- Os 2 Anjos ...................................................................... 124
- A Caixinha Dourada ....................................................... 126
- Os 7 Pecados Capitais .................................................. 127
- O Sol e o Vento Mau do Norte ...................................... 132
- A Porta ............................................................................ 134
- Quase Acreditei ............................................................. 135
- O Quadro ........................................................................ 137
- Sonhando com o Senhor ............................................... 139
- O Maior Elemento Transformador do Universo ........... 140
- Clip: Você é o Maior Elemento Transformador do Universo ....................................................................... 143

# Introdução

"Motivação, Hoje e Sempre" é para ser um livro de cabeceira, que deve ser usado diariamente.

Atualmente, somos bombardeados com novas tecnologias, cada uma prometendo maior produtividade e ganho no fator tempo. Mas o fato é que estamos cada vez mais sem tempo para o lazer, para nossas famílias e para nós mesmos.

Através deste livro, que tem como foco o ser humano, o talento humano, pretendo ajudar você na adaptação a este novo contexto. Aqui, você encontrará dicas rápidas e consistentes para fazer a diferença, tornar-se mais competitivo e estimular sua criatividade e melhorar o atendimento em relação ao seu cliente.

O atual cenário competitivo em que estamos inseridos exige posturas estratégicas por parte de quem quer nele se manter. Este tão almejado diferencial competitivo pode ser sintetizado em alguns simples requisitos. Confira:

▶ **Competência técnica.** Você precisa ser muito bom tecnicamente, ou seja, entender bem o que faz, como funciona sua empresa, seus produtos ou serviços, os sistemas que fazem parte da organização. É preciso investir na capacitação técnica, nas melhores tecnologias, a fim de aumentar a qualidade e a produtividade.

▶ **Entusiasmo e emoção.** Independentemente do que você vier a fazer, faça-o com entusiasmo. O entusiasmo é contagiante. Ele se reflete nos clientes de sua empresa, sejam eles internos ou externos, facilita a comunicação, estimula a criatividade e torna o ambiente mais ameno e estimulante.

▶ **Paixão.** Todas as pessoas bem-sucedidas têm um ponto em comum. São apaixonadas, adoram aquilo que fazem. Procure trabalhar em algo que você faria até de graça. Não adianta ser bom tecnicamente, nem muito entusiasmado, se você não gostar do que faz. A auto-realização só acontece quando fazemos algo de que gostamos.

▶ **Autoconfiança.** É preciso ter fé em si mesmo, no seu potencial, e sonhar e sonhar alto. É preferível realizar metade de um grande sonho, do que nada de um sonho medíocre. Estimule a sua autoconfiança, você é seu maior patrimônio, seu maior ativo.

Tenha tanta autoconfiança quanto este nosso amigo.

**BOA LEITURA !!!**

# CAOS E INCERTEZAS

Sabem quais são as duas palavrinhas mais proferidas entre economistas e empresários hoje em dia? **Volatilidade** e **instabilidade**. A impressão que tenho é de que estamos todos à espera da tal estabilidade para, aí sim, podermos agir e fazer acontecer.

Acontece que ninguém sabe exatamente o que é estabilidade nos dias de hoje. Alguém arrisca um palpite de quando irá acabar, ou pelo menos diminuir, a crise mundial? Ou, ainda, quando teremos paz no Oriente Médio?

Ninguém sabe. E quando temos indícios e fatos que nos levam a acreditar que teremos uma maior estabilidade mundial, surgem novos acontecimentos, como um atentado terrorista.

As questões mais importantes são: E você? E sua empresa? Ela pode parar as atividades esperando chegar os dias dourados? Não, é claro que não.

Aprenda a conviver com o caos e a tirar proveito da instabilidade porque, sinceramente, eles vieram para ficar. Na verdade, a história nos mostra que o mundo nunca foi estável, pois o ser humano não é previsível. Já passamos por guerras mundiais, regionais, países dominados por militarismo (especialmente os da América Latina), atentados terroristas em plenos jogos olímpicos e, quando o maior responsável não é o homem, surge a natureza com terremotos, grandes enchentes e outros desastres que afetam o mundo.

Então, o que fazer? Como fazer para sobreviver frente ao caos que já se instaurou?

▶ **Seja maleável.** Se existe uma competência que os tempos atuais exigem, é a adaptabilidade. O mundo sempre mudou, o que assusta hoje é a velocidade com que as mudanças ocorrem. A Internet democratizou as informações, e em muitos casos temos dados em tempo real. Uma vez que tudo está mudando, os pontos a serem trabalhados são: perder o medo, diminuir a resistência e começar a entender por que você e sua empresa precisam mudar. Existem cada vez mais concorrentes e mais clientes dispostos a experimentar, querendo maior qualidade e produtividade. Estamos na era "fazer mais com menos" e isso vai afetar sua vida, pode ter certeza disso! Não estou sugerindo que você embarque em todas as mudanças, que aceite tudo e acredite na tecnologia da moda. Estou sugerindo uma maior ponderação diante das mudanças. Antes de simplesmente não aceitá-las é preciso que elas sejam analisadas, para assim se separar o joio do trigo: o que será útil ou não.

Mudanças sempre assustaram...

> "A luz elétrica será esquecida tão logo seja encerrada a exposição de Paris" (Presidente da Royal British Society, 1900).

> "A televisão não dará certo. A família americana não ficará horas olhando para uma simples tela" (New York Times, 1938).

... mas seus resultados surpreenderam mais ainda!!!!

Hoje estas frases soariam como verdadeiros absurdos. Mas para a época eram grandes inovações, algo fora do comum.

▶ **Busque soluções originais para os problemas.** Procure entender o porquê das mudanças, estando aberto a novas informações, atento às oportunidades que surgem nessas ocasiões e não medindo esforços para estar apto a desempenhar, quando necessário, uma nova função. Você só vai saber se uma mudança dará certo ou errado a partir do momento em que estiver vivenciando o processo. O sucesso é muito bom, mas também é muito traiçoeiro porque faz com que fiquemos apegados ao que deu certo. Assim, evitamos novos caminhos, acreditamos que nunca vamos falhar e encontramos dificuldades para nos ajustar a um novo tipo de trabalho. Fique aberto ao diferente e às inovações que surgem, afinal novos sucessos exigem novos caminhos.

▶ **Cuidado com o que você ouve, vê e acredita.** Cenários e previsões existem, em sua grande maioria, para dar errado. Lembra quando Itamar Franco, em janeiro de 1999, decretou a moratória mineira e, paralelamente, houve a desvalorização cambial? Veja algumas previsões para aquele ano:

- Deutsche Bank – inflação de 70% ao ano;
- Citibank – recessão de 6% com inflação de 25% ao ano;
- Morgan Stanley – queda de 7,5% no PIB no primeiro trimestre do ano com inflação anual de 21%;
- Lehman Brothers – inflação anual de 85% e queda de 6% no PIB.

E o que realmente aconteceu? No final de 1999, o PIB decresceu em 0,5% e a inflação foi alta; para ser mais preciso, 20,1% segundo o IGPM, mas abaixo do que os analistas esperavam.

Tenha o foco no seu negócio, no seu mercado e no seu cliente. Não se baseie somente em previsões alarmistas, pois é nesses casos que a concorrência avança, aproveitando-se do estado de paralisia que essas situações costumam causar.

▶ **Acredite na diversidade.** Crie o hábito de conhecer diferentes tipos de pessoas e novas culturas. Respeite as pessoas de origens diferentes, compreenda as variadas visões do mundo e tenha sensibilidade para respeitá-las. Não aceite preconceitos e intolerâncias. No mundo em que vivemos surgem novas idéias, novos negócios e tipos de clientes. O diferente oportuniza novos conceitos e estratégias. E é por isso que temos casos e mais casos de empresas que estão investindo em segmentos diferentes. Produtos direcionados às classes D e E, cosméticos específicos para a raça negra, roupas esportivas especialmente feitas para mulheres, empresas de turismo especializadas em atender a pessoas que estão na quarta idade, frangos exportados seguindo costumes e conceitos islâmicos e mil outros exemplos de empresas que estão crescendo por apostar na diversidade. Participe de equipes e associações de classe nas quais você possa ensinar e aprender, interagindo com pensamentos e posições diferentes.

▶ **Aproveitar o presente.** Dalai Lama diz que existem somente dois dias do ano em que nada pode ser feito: o ontem e o amanhã. Você só tem o hoje, o presente. Você já reparou que grande parte do seu dia é perdida repensando o passado ou planejando o futuro. É somente HOJE que podemos tentar arrumar algo do passado ou fazer acontecer o futuro. Não fique o tempo todo à espera de tempos de calmaria e vacas gordas; isso é algo que pode ser criado pela abertura de um novo mercado, pelo lançamento de um novo produto, pelas circunstâncias políticas e econômicas mundiais ou até pelo seu voto. Desde que seja um voto consciente. O que não podemos fazer é esperar, pois a falta de ação nos leva ao atraso. É importante não confundir falta de ação com a atitude de esperar o momento certo, pois são coisas distintas.

Então lembre-se: excesso de conservadorismo, pouca criatividade e medo das surpresas do presente são atitudes de quem quer passar a vida inteira reclamando seus fracassos, falando do que não conquistou e acabar culpando Deus e todo mundo pela sua falta de sucesso profissional. Para enfrentar a concorrência e administrar o caos e as incertezas, é preciso mudar o discurso e principalmente seus atos. Um novo tempo exige uma nova postura, mais pró-ativa e empreendedora. Então, comece agora seu plano de ação e parta para novas conquistas!

# Procura-se...

Qual é o perfil ideal do profissional deste novo milênio? Quais são as competências para ser um profissional cobiçado? E os diferenciais de um verdadeiro talento reconhecido no mercado?

Eis o resultado final.

As empresas procuram pessoas que tenham o seguinte perfil:

- ✓ Pró-ativo.
- ✓ Hábil na relação interpessoal.
- ✓ Coordenador de trabalho em equipe.
- ✓ Motivado, ético e íntegro.
- ✓ Bom negociador.
- ✓ Dotado de visão estratégica.
- ✓ Com capacidade de liderança.
- ✓ Conhecedor do mercado onde a empresa atua.
- ✓ Com foco nos resultados.
- ✓ Com capacidade de decisão.
- ✓ Perfil generalista.
- ✓ Com conhecimento em negócios internacionais.
- ✓ Com conhecimento em "Joint Ventures".
- ✓ Fluente em inglês e espanhol.
- ✓ Hábil no computador.

✓ Aberto a mudanças e criativo.
✓ Com formação superior e pós-graduação.
✓ Disposto a correr riscos.

É importante ressaltar que, mesmo que a pessoa acumule todas essas qualidades, ainda corre o risco de, a qualquer momento, ser demitida da empresa. De qualquer forma, andei pensando se eu conhecia alguém que tivesse todos esses atributos. Penso daqui, analiso dali... E somente consegui encontrar dois amigos meus com todas essas qualidades. Acredito que você deva conhecê-los também!

## Você os conhece?

# A Organização do Século XXI

Ao longo da história empresarial, a busca por uma receita de sucesso sempre esteve evidente na trajetória de muitos executivos, empreendedores, enfim, de toda e qualquer pessoa que exercesse a arte da administração. A verdade é que queremos sempre o caminho mais curto e que contenha menos riscos. O ideal, então, seria seguir uma fórmula com a certeza de bons resultados.

Mas a história nos mostra que tal fórmula é apenas um desejo. Conhecemos casos de empresas que adotam, com sucesso, políticas, procedimentos e ações em um determinado país e em outras regiões do globo. Essas mesmas ações se comprovam um grande fiasco. A Pepsi, por exemplo, nunca emplacou no Brasil e é um sucesso no EUA. E a Pizza Hut e a própria Wal Mart, tão festejadas, aqui não repetem os mesmos êxitos que em outros países.

Sendo assim, o que uma empresa precisa fazer para ser um sucesso, mostrando-se altamente rentável e capaz de atrair os melhores talentos? Eu realmente não sei, e, se você souber, meu caro leitor, não conte a ninguém a não ser aos futuros clientes de sua consultoria.

Mas o que eu tenho certeza é de que, para uma empresa atingir o seu ápice, precisa seguir pelo menos alguns princípios. Vamos a eles.

**Parte de sua empresa deve ser baseada em tecnologia.** Não fuja da tecnologia e não faça o Homem competir com ela. Seres humanos não foram feitos para competir com máquinas, pois toda vez que uma máquina substitui o trabalho de um Homem, ela vence. Esta função será extinta, o que de certa forma é bom. Porque nos leva a novos desafios e a melhorar a condição humana. Sua empresa, dentro de suas possibilidades financeiras, deve ter a melhor tecnologia de sua área de atuação. Ponto. Tecnologia reduz custos, aumenta a qualidade e a produtividade e mesmo assim não é garantia para um diferencial competitivo, porque a concorrência logo, logo terá recursos tecnológicos idênticos ou, quem sabe, ainda melhores.

**Parte de sua empresa deve ser baseada em serviços para os clientes.** Só tecnologia, como já vimos, não ganha jogo. O cliente é um ser humano que tem necessidades, anseios, sonhos e desejos diferentes. Ele gosta de saber com quem está negociando, gosta de saborear o produto, tocar, ouvir, sentir segurança em sua compra. Produto é commodity, todo mundo tem igual. É preciso oferecer mais por menos, é preciso diferenciar o atendimento, os serviços de pós-venda, a comunicação com o cliente. Uma empresa deve gerenciar os seus clientes, pois todos eles têm acesso a muita informação e de forma muito rápida. Podemos pesquisar várias marcas e modelos de carros dentro de nossa própria casa, através da Internet.

*O diferencial, portanto, está no relacionamento e na compreensão da natureza humana de seu cliente.*

**Parte de sua empresa deve ser uma escola para adultos.** Aprender a aprender. Este é o termo. Empresa que não investe no desenvolvimento de seus funcionários está fadada ao fracasso. Não estou mais nem falando em treinamento, mas sim em desenvolvimento. Contratar talentos não é fácil, então procure desenvolver os talentos que já estão em sua empresa. Desenvolva pessoas. Contribua para o crescimento pessoal e profissional de sua equipe. Este é um trabalho longo, árduo e que deve fazer parte da cultura, do dia-a-dia de sua empresa. O enfoque deve ser no aperfeiçoamento contínuo, tanto no que se refere ao aspecto técnico, quanto ao aspecto humano, criativo, comportamental. Lembre-se: o seu maior diferencial competitivo está nas pessoas que trabalham em sua empresa.

▶ **Diz Peter Drucker: "Não existe uma só maneira correta de administrar."** Esta é uma frase fantástica e profunda. Algumas empresas vivem muito bem sem certificação ISO 9000, porém para outras isto é fundamental e até uma questão de sobrevivência. Algumas faturam horrores e nunca fizeram campanhas em mídia de massa, e outras são descentralizadas e estão prestes a sucumbir no mercado. A mensagem aqui é clara: não existe segredo para o sucesso. O que dá certo para um pode não dar certo para outro, pois cada um é cada um. Temos de nos arriscar! Viver é experimentar. Você é quem deverá construir sua própria receita de sucesso, que será pessoal, única e quase intransferível!

# Faça a Diferença

Para ser competitivo é preciso fazer a diferença. Ponto.

Esta é a verdade fundamental. Empresas procuram tecnologias que agreguem valor, inovação em seus produtos e processos e, principalmente, pessoas diferentes. Pessoas pró-ativas, que não temam aceitar riscos e novos desafios.

O que você está fazendo de **DIFERENTE?**

Fique atento às seguintes dicas e espero poder contribuir para seu sucesso e realizações.

**Aproveite o começo do ano.** Qualquer época é época para melhorar, mas o início do ano é sempre mais propício a este tipo de atividade. Realize o seu planejamento pessoal. Pergunte a si mesmo: *"Quais são minhas metas?"*, *"Quais meus sonhos?"*, *"Onde estou e onde pretendo chegar?"* e *"Como melhorar minha empregabilidade?"*.

Estipule metas e atividades condizentes com a sua realidade e revise, no máximo a cada dois meses, o seu planejamento pessoal.

**Defina prioridades.** Mas não se esqueça de que não existem mais do que duas ou três prioridades. Aliás, o ideal é que você se concentre em apenas uma coisa de cada vez. Aprenda a definir o que é essencial, a separar o joio do trigo. Como? Por exemplo: para que ler três jornais por dia e assistir também ao noticiário das sete, das oito e da meia-noite e, ainda por cima, consultar o noticiário da Internet? Simplifique sua vida, busque o equilíbrio entre o pessoal e o profissional. Faça mais em menos tempo.

▶ **Invista naquilo que o realiza**. Não se prive das coisas por medo da idade, do insucesso, das críticas. Por que não podemos mudar de profissão, emprego, cidade ou estilo de vida na hora em que desejamos? Vejo pessoas que não estudam porque se acham velhas demais, não mudam porque têm receio do que os outros vão falar. *Só tenha medo de não ser feliz*. Esse é o pior preço a pagar. Não existe hora para mudar. Toda hora é hora. Busque a sua realização pessoal; dinheiro é conseqüência: nunca uma finalidade.

▶ **Evite duvidar de si mesmo**. A partir do momento em que você se sente apto a conduzir um projeto, ou para enfrentar um novo desafio, nunca ponha em dúvida a sua capacidade em realizá-lo. Caso não saiba como fazer, seja humilde e procure conselhos de pessoas mais experientes e exemplos de outras empresas. Caso não conheça a nova técnica, procure estudar e aprender sobre a mesma. Enfim, tudo é passível de ser aprendido e, principalmente, de ser compartilhado. Utilize todo o potencial de trabalho em equipe e tenha sempre em mente o objetivo que pretende alcançar.

▶ **Pense de modo diferente**. Está provado que a mente altera o funcionamento do corpo. Comece a ter diálogos internos mais positivos, sempre reforçando o quanto você é capaz, que as coisas não acontecem por acaso e que para tudo existe uma saída. Pense em como seriam as coisas sob outro ângulo, outras soluções, outros caminhos. Nunca vai existir somente uma resposta para determinado problema.

▶ **Experimente algo novo**. Participe de algum programa social, um curso de pós-graduação ou aprenda uma língua estrangeira. Busque algo que seja **NOVO** para você e que o ajude a desenvolver capacidades que você considera deficitárias ou, ao contrário, algo que aprimore ainda mais os seus pontos fortes. Atividades que estimulem seu espírito de equipe, liderança ou que aumentem o seu contato com as pessoas, enfim tudo o que pode e deve ser aplicado no seu dia-a-dia de trabalho.

**Identifique seus clientes.** Sim, todos nós temos clientes. Procure atendê-los de uma nova forma. Faça algo novo. Quando digo algo novo não significa que tem que ser 100% diferente. Comece com pequenas mudanças, que, comprovadamente, são as mais duradouras.

E, para finalizar, uma pequena história para reflexão.

Deus, no momento em que terminou a criação, viu que precisava ter um cuidado especial com o que de melhor havia criado: o Homem. Pensou, refletiu e resolveu dar a esse Homem um talento muito especial, mas que somente os que fossem suficientemente esforçados para encontrá-lo teriam o privilégio dos benefícios desse talento. Mas, onde esconder tal preciosidade?

Primeiro, Ele pensou:

– Vou esconder o talento do Homem nas profundezas da terra.

Depois, refletiu melhor e achou que nas profundezas do oceano ele estaria mais bem escondido. Continuou achando que o oceano não era um bom lugar e repensou:

– Creio que, no espaço, em meio aos planetas e às estrelas, estará bem guardado e será bem mais difícil ser encontrado por qualquer um.

Mesmo assim, voltou a refletir e concluiu, finalmente:

– O Homem é muito curioso. Fatalmente acabará criando aparelhos para explorar os mares, para cavar o planeta e investigar os céus. Acabará encontrando...Vou esconder o maior talento do Homem num lugar muito especial: no interior dele próprio. Será, com certeza, o último lugar em que ele buscará.

E assim Ele fez.

# QUER SER UM TALENTO?

Imagine-se tomando decisões que afetem toda uma vida corporativa, sendo consultado por colegas para ajudar nos mais variados assuntos. Elogiado e admirado por seus superiores, cotado a assumir novos cargos, estratégicos e de grande importância para sua empresa. Recebendo investimentos em forma de participação em cursos e congressos do mais alto nível, sondado por *headhunters*, reconhecido e admirado pelo mercado... Esse alguém é você?

Talvez não! Mas, acredite, pode vir a ser. E fique certo de que isso não é um sonho.

Você realmente já pensou em ser um talento?

Pensar, eu sei que já pensou. Afinal, quem não quer ver seu trabalho e nome reconhecidos.

Para tanto, o que você precisa é pensar não apenas em ser um talento reconhecido, seja pela sua empresa ou mercado, mas também nas implicações e no trabalho compreendido neste árduo e gratificante processo de se tornar um talento. Posto isso, acompanhe, atento, as dicas abaixo, e avance mais um passo nesta trajetória.

**Faça mais do que os outros.** Para se tornar um talento, não basta fazer algo a mais ou trabalhar mais do que os outros: é preciso trabalhar de forma inteligente. Uma maneira interessante de expressar esta virtude, diferenciando-se dos seus colegas, é administrar com eficiência o seu horário livre. Troque as novelas das sete e das oito por um curso de pós-graduação, por exemplo, ou outras atividades que podem fazer a diferença, entre elas aulas de inglês, espanhol ou alemão, cursos de retórica e redação, boas maneiras, ou até mesmo teatro, filosofia e história, para compreender melhor as transformações destes tempos.

**Aplique o seu conhecimento.** Fazer cursos, treinamentos todo mundo faz. A diferença está em aplicar isso no seu dia-a-dia. Cientistas estimam que usamos somente 5% do que aprendemos. É muito pouco. Tenha mais coragem para dar idéias, mudar sistemas ou procedimentos. Procure quantificar, mostrar índices de qualidade e produtividade, redução de custos... Enfim, avalie o impacto das sugestões que deseja que sejam implementadas.

**Persista.** Ninguém se torna um talento da noite para o dia. É preciso planejamento, investimentos e muita, mas muita persistência. Não desista facilmente, o caminho é longo, árduo, mas compensador. Nem todas as suas idéias serão aceitas; você não ganhará todas as promoções; nem todo trabalho bem-feito receberá um elogio ao seu final. Portanto, lembre-se: mais importante do que a motivação é a automotivação; tenha sempre em mente seus objetivos, foque o resultado e esteja apto a tomar ações corretivas quando necessário.

**Não tema riscos.** Em qualquer época da história mundial, pessoas que fizeram a diferença correram algum tipo de risco. É claro que não estou sugerindo que você corra riscos desnecessários, mas o problema é quando evitamos todo e qualquer tipo de risco. "Quem tem medo vive pela metade", já diz o ditado. Procure avaliar o risco, calcule se seu desempenho pode ser superior ao desafio e vá em frente.

**Aceite responsabilidades.** A grande maioria das pessoas perde inúmeras oportunidades simplesmente por temer o novo. Surgiu um novo projeto e você se sente apto a participar? Então, espere o momento certo e ofereça a sua contribuição. Procure aprender algo além de suas atividades rotineiras. Dificilmente o seu chefe lhe dirá: "Você será promovido daqui a seis meses, prepare-se." As oportunidades surgem de repente, quando menos se espera. Aceite o desafio, procure novos caminhos, faça acontecer.

▶ **Acredite na sua intuição.** Nem sempre teremos todos os dados e informações para a tomada de uma decisão. Sabe aquela voz bem baixinha que fica dentro da sua cabeça insistentemente? Então, ouça-a!!! Podemos alcançar grandes resultados acreditando e aprendendo a ouvir nossa intuição. Talvez você esteja percebendo algo de que ninguém se deu conta. Hoje a intuição é uma grande aliada para grandes saltos na carreira.

Reflita sobre estas questões e as coloque em prática em seu dia-a-dia profissional. Cultive seu talento e vibre com os resultados.

# O Talento Faz Acontecer

Há um provérbio japonês que diz: "Não preste atenção ao que uma pessoa diz, mas sim ao que ela faz."

Portanto, é tempo de deixarmos os discursos de lado e procurarmos analisar nossos atos, nossas ações do dia-a-dia.

Você se considera um *talento* ou um *tá lento*?

Independente de sua área da atuação e da sua formação acadêmica atual, acredite, você pode se tornar um talento. Como? Investindo nos seus maiores patrimônios: suas competências e habilidades.

Nestes tempos malucos, de alta competitividade e caos organizacional, como conseguir despontar entre tantos outros? Como ser diferente, entre tantos iguais?

Certo dia, recebi uma citação que diz que basicamente existem três tipos de pessoas. São elas:

1º As que fazem as coisas acontecerem.

2º As que ficam observando o que acontece.

3º As que ficam se perguntando o que aconteceu.

Qual o seu tipo predominante? Hoje. Sim hoje, no presente, você está fazendo as coisas acontecerem ou está à espera de que tudo caia do céu, ou pior, de que alguém faça por você?

O verdadeiro talento faz acontecer. Veja como pequenas ações podem ajudá-lo nessa caminhada.

Lembre-se: Não existe chegada, somente a viagem.

▰ **Contribua com o próximo.** A melhor forma de crescer é contribuindo para o crescimento alheio. A cooperação traz novas e boas experiências para todos, gerando uma relação "ganha-ganha", onde os dois lados são beneficiados. Seja uma daquelas pessoas com quem todos sabem que podem contar. Esqueça a frase: "Isto não é da minha área, não é da minha conta".

▰ **A qualidade é definida pelo cliente, seja ele interno ou externo.** Um grande consultor certa vez afirmou: "O melhor é aquele que todo mundo escolhe." Então, pergunte como pode melhorar para seu cliente. Sim, todos temos clientes. O seu chefe pode lhe dar sugestões de melhoria, peça um feedback para um amigo, procure os outros setores e pergunte a seus colegas de trabalho: Como está o meu atendimento? O produto ou serviço que estou fornecendo pode ser melhorado?

Não fique somente à espera de opiniões esporádicas e busque mais sugestões para melhorar o seu desempenho.

▰ **Estudar faz bem.** Como você já deve estar cansado de ouvir o discurso de que você vai aumentar o seu *net working*, além de renovar e adquirir novos conhecimentos, eu vou lhe provar com números o quanto isso pode ser benéfico e valio$o.

Veja estes dados segundo o IPEA.

O salário médio em 99:

R$ 237,00/mês – 1º grau completo.

R$ 432,00/mês – 2º grau completo.

R$ 1.500,00 /mês – curso superior completo.

Curso superior eleva em no mínimo 6 vezes o salário em relação ao 1º grau.

Cada ano de estudo significa no mínimo 15% a mais no salário.

É necessário mais algum argumento? Então, vá fazer a sua matrícula!

**Crie oportunidades.** Todos nós somos resistentes a mudanças porque elas nos removem do conhecido, da mesmice e nos obrigam a buscar novas práticas, sejam elas boas ou más. Porém, o mundo está cheio de oportunidades, mas elas têm um *timing* certo para acontecer. Você deve aproveitar as novas chances, com certeza! Mas o difícil é criar as suas próprias oportunidades. Você já parou para pensar em quantos tipos de novas empresas surgiram recentemente. Listo algumas:

- Empresa da chamada Nova Economia (nem todas foram à falência; ainda existem boas oportunidades nessa área) e, além disso, Nova Economia não é sinônimo de Internet;
- Empresas privatizadas;
- Empresas resultantes de fusões e aquisições;
- Empresas que estão se multinacionalizando, como Ambev, Embraer, Weg, Grupo Gerdau, entre outras.

Para ser um talento é preciso prestar mais atenção nos detalhes. São os milhares de "pequeninos grandes" atos que o tornam mais reconhecido no mercado e na empresa em que você trabalha.

O verdadeiro talento faz acontecer, cria oportunidades, trata sua carreira de forma profissional, como um precioso produto a ser exposto no mercado.

Mas, para isso, é preciso inovar, aceitar desafios e experimentar o novo.

Pois, como dizia o grande mestre Abraham Maslow: "Quando se tem apenas um martelo, tudo fica parecendo prego".

# APOSTE EM VOCÊ

Este é o ano das apostas.

Apostas são feitas todos os dias, sejam elas nas casas lotéricas, na fezinha do jogo do bicho, na casa de bingo, nos cavalos de corrida ou em carros velozes que disputam longos campeonatos.

Todos gostamos de apostar, afinal a aposta é algo estimulante, envolve riscos de maior ou menor escala, e a sensação de ser o "premiado" é algo que não tem valor.

Apostar é algo comum e saudável; o problema é sempre apostar no outro.

Quantas vezes você apostou em você?

Sim, em você, no seu potencial, em suas idéias e capacidade de realização?

Quantas vezes você apostou na sua capacidade empreendedora, na sua criatividade, nos seus sonhos?

Prepare-se! Agora é o momento de apostar em você.

Veja como:

**Para ser mais competitivo é preciso ser mais cooperativo.** Não confunda competitividade com individualidade. O verdadeiro poder está em compartilhar a informação e não em retê-la. Afinal, para crescer é preciso que os outros cresçam. Pense na sua profissão: o seu cliente crescendo comprará mais de você; o seu fornecedor crescendo terá mais condições de lhe proporcionar maiores benefícios e qualidade. Prepare sucessores, seja o criador da constelação e não a estrela principal.

▶ **Evite palavrinhas depreciativas como "nunca", "jamais" ou o famoso "não".** Essas palavras bloqueiam o seu cérebro e inibem sua capacidade e vontade de ação. Experimente frases como: "vou tentar", "vou pesquisar", "vou aprender com quem sabe" e outras afins. No caso de uma promoção, sua participação em um novo projeto da empresa ou conquistas pessoais, evite depreciar a si mesmo, ou desmerecer o que você merece. Tire da cabeça pensamentos do tipo: "eu sei que não mereço isso..." ou "isto é mais do que mereço".

Se foi conquistado com trabalho e honestidade, você merece sim, e por que não?

▶ **Aprenda a nadar contra a correnteza.** Todo processo tende à entropia, ou seja, ao descontrole. Na estrada, se você soltar as mãos da direção do carro, ele tende a sair do rumo certo. Quando você tem uma idéia nova, sempre, eu disse sempre, sem sombra de dúvida, aparece alguém com um monte de dados e argumentos que justifiquem o seu futuro fracasso. Cabe a você decidir se vai aceitar esses argumentos, ou não. Todos conhecemos pessoas que têm idéias, a princípio loucas, sem lógica e que tudo indica que vai dar errado. Porém, o idealizador faz dar certo. Depende de você! É claro que nem tudo dá certo e que muitas vezes temos que abandonar um determinado projeto ou ponto de vista. Mas, pelo menos tente. Veja estes exemplos:

• Pela lógica e pela nossa saúde, deveríamos pelo menos fazer duas refeições ao dia da forma correta. Comer legumes, verduras, evitar frituras e refrigerantes. Então por que restaurantes e lanchonetes *fast food* vivem lotados? Diferentemente dos poucos ambientes que oferecem comida saudável e nutritiva?

• Pela lógica, o gostoso é conhecer pessoas ao vivo, trocar idéias, paquerar olho no olho. Então por que os *chats* de bate-papo e paquera virtual vivem cheios? Tenho até um amigo que conheceu uma garota pela Internet, e depois de alguns meses a conheceu pessoalmente. Resultado: casaram, e ele, que morava em Curitiba, foi para Belém.

A princípio, são idéias e produtos que pela lógica não dariam certo, mas são grandes sucessos. Entenda que a vida, o mercado e as pessoas não funcionam de acordo com a lógica. Aliás, nem o seu computador o faz. Afinal, freqüentemente você usa o Ctrl+Alt+Del. Ou não?

▶ **Esteja preparado para chuvas e trovoadas.** Aprenda com as boas e más etapas de sua vida. Todos passamos por crises e obstáculos; tenha a certeza de que, em algum momento, eles surgirão. Não existe sucesso fácil, a não ser que você ganhe na loteria ou algo do gênero. Nesses casos, deve-se lembrar do velho ditado: tudo que vem fácil, vai embora facilmente.

De tanto fugir e tentar evitar os obstáculos, nos sentimos completamente perdidos quando eles surgem, desprotegidos e, o pior, com o amor-próprio ferido. Pessoas perdem o emprego, mas não podem perder o amor-próprio. Diante disso, pense: como anda a sua capacidade de enfrentar adversidades sem se deixar abater?

Tudo bem, sei que perdemos empregos devido ao nosso desempenho, mas de repente o seu desempenho era pífio por não se identificar com o produto ou com a empresa. Reestruturações acontecem, cargos são extintos, mas não a sua vida, suas metas, seus sonhos, esses não podem nunca entrar em extinção.

▶ **Almeje o triunfo.** O triunfo é ainda maior do que o sucesso. Sucesso é um grande resultado, mas triunfo é um êxito brilhante, segundo nosso amigo dicionário Aurélio. Triunfo é o sucesso compartilhado. Estimule o pensamento triunfal, como um grande herói retornando ao seu país com a vitória em suas mãos.

Aposte no seu sucesso. Aposte na sua vida: ela é o que você tem de melhor, veio de graça! Aproveite o presente, pois o passado já foi e o futuro, como diria aquele político famoso, somente a Deus pertence. Viva o hoje, o agora, pois ele é seu maior presente. É no presente que arrumamos o passado e planejamos e começamos a realizar o futuro.

Aposte, acredite e faça valer a pena o maior prêmio que você já recebeu: a sua vida!

# Onde Estão os Talentos?

Ok.Tubo bem. Estamos na Era do Conhecimento. Mas, pergunta-se, porém: são todos os setores da economia ou somente algumas empresas que estão vivenciando tal período?.

Na verdade, viajando pelo Brasil afora, percebo que temos *empresas e empresas*, se é que você me entende. Algumas, nitidamente, estão vivendo o período de Taylor... Outras realmente vivem a era da tecnologia, da Internet e do investimento em talentos. É a esse âmbito que quero me ater.

Afinal, o que é um talento? O que é preciso fazer para ser reconhecido como um talento? Será que para ser identificado como tal é necessário ter concluído um MBA em alguma universidade de primeira linha, falar fluentemente duas ou três línguas estrangeiras, e ainda possuir uma significativa bagagem profissional no exterior?

**Não, definitivamente, não.**

Logicamente, qualquer recurso voltado ao seu desenvolvimento, enfim, qualquer oportunidade que venha a aprimorar seu currículo devem ser aproveitados. Mas quero lembrar que existem *talentos e talentos*. Cada um com suas particularidades, potencialidades, seu modo de ser, sua receita própria criada a custo de muito trabalho. Diante disso, são as lideranças de hoje que precisam aprender a reconhecer e, principalmente, a desenvolver os talentos já existentes nas organizações. Ou será que somente a concorrência tem acesso aos *talentos* que tanto buscamos? Permita-me, caro leitor, contar uma pequena história ocorrida em uma grande empresa nacional para exemplificar que talentos existem nos lugares menos procurados... e mais despercebidos.

Dona Dalva – hoje com 36 anos e cinco filhos – começou a trabalhar como diarista em uma grande companhia de seguros, e logo foi contratada como zeladora. Carteira assinada, benefícios, tudo, enfim, que aprendemos a relacionar com segurança e bom emprego lhe foi concedido. Manteve-se cinco anos no cargo e, em seguida, teve a oportunidade de trabalhar como copeira. Mas essa condição não havia lhe deixado satisfeita. Dona Dalva sabia que podia ir mais longe.

Certo dia, então, contou-me que, apesar de sua discrição, o que realmente queria era trabalhar na área administrativa. No entanto, pensava consigo mesma: "Como uma copeira poderia ser promovida para tal departamento?". A despeito disso, sem saber, intuitivamente, fez seu planejamento para *subir na vida*. Resultado: voltou a estudar e agora já terminou o primeiro grau. "Está ótimo, D. Dalva!" – interpretariam os olhares vizinhos. Pois ótimo que nada, revidaria Dona Dalva: agora ela quer terminar o segundo grau! E paralelamente a estes objetivos, começou a fazer o seu *net work*, assim, meio que por acaso. Um almoço com o pessoal da administração ali; um bate-papo aqui, uma conversinha acolá... "Ela sempre se mostrava curiosa e interessada em aprender o que o pessoal fazia lá", contou-me sua atual supervisora.

Dona Dalva colheu os frutos do que plantou. O gerente da sucursal fazia questão de que participasse de todos os treinamentos comportamentais. E ela não hesitava em comparecer, aguardando sempre ansiosa os novos convites. Assim os dias se passaram... Para encurtar a história, a mesma Dona Dalva começou a se oferecer para realizar pequenos trabalhos administrativos em seus momentos de folga na copa. O gerente começou a perceber seu interesse, sua capacidade de organização, sua vontade de crescer, sua atitude proativa e começou a pensar em dias melhores para sua funcionária. E o grande dia chegou.

Uma vaga para assistente administrativa foi aberta e eu nem preciso contar quem foi admitida. Agora, Dona Dalva está aprendendo a mexer no computador, já tem e-mail próprio, e, segundo sua supervisora, agilizou processos, aumentou a qualidade e a produtividade do setor e é extremamente responsável.

Outro dia, perguntei à Dona Dalva qual era o segredo de seu talento, e ela me confidenciou:

- Vontade de crescer;
- Qualidade no serviço realizado;
- Procurar sempre colocar em prática o que é aprendido em cursos e treinamentos;
- Demonstrar interesse em aprender continuamente.

Como vemos, todos nós temos *talentos*... Ora escondidos dentro de nós mesmos, ora não. Descubra, então, o seu. Pergunte-se: "O que gosto de fazer? O que eu gostaria de fazer realmente? Em que sou excelente?" E siga, ainda, a lição de liderança exercida pelo gerente da sucursal: desenvolva-se e acredite nas pessoas que trabalham em sua empresa, que fazem parte do seu dia-a-dia. Reflita sobre tudo isso, enfim... Por vezes, o talento que procuramos está ao nosso lado. Será que em sua empresa não existe alguma Dona Dalva, somente esperando uma oportunidade para agregar valor à sua organização?

# Ser Diferente

Esta é uma premissa básica dos dias de hoje. Temos livros dizendo para sermos diferentes, conferencistas pregando tal postura como uma questão de sobrevivência. Enfim, um senso de urgência ronda este tema.

Temos que encantar, surpreender nossos clientes, como se isso fosse simples e não demandasse recursos, planejamento e tempo. Ser diferente é uma conquista diária, um trabalho árduo e sério. Não ocorre por acaso

E, além disso, não basta apenas ser diferente, mas sim manter-se diferente, tornando a inovação parte da cultura de sua empresa.

Posto isso, cabe agora esclarecermos em maiores detalhes este comportamento imprescindível.

**O que é ser diferente?** O que é ser diferente em sua área de atuação, no seu mercado ou em relação ao seu cliente? Para ser diferente, é preciso pesquisa. Pesquise no mercado o que os seus concorrentes estão fazendo de diferente em relação ao relacionamento com clientes-fornecedores-comunidade. E tem mais: concorrente não é somente aquele que oferece um produto ou serviço semelhante ao seu. Concorrência hoje se refere ao modelo de negócio adotado. Se uma empresa, seja qual for, tem um sistema de armazenagem melhor do que o seu, uma equipe de vendas mais agressiva, ela também será seu concorrente.

▶ **Como ser diferente?** Aqui, a resposta é única e corajosa. Experimentando. O que pode ser uma grande novidade e funcionar muito bem para uma empresa pode não dar certo no seu negócio. É preciso adaptar o novo modelo à cultura de sua empresa, respeitar crenças e valores. Qualquer médico diz que nenhum paciente é igual a outro; por mais que a doença seja a mesma, cada um reage de uma forma. E para complicar ainda mais a situação, quando você realmente estiver fazendo algo diferente, a concorrência não medirá esforços para copiar suas estratégias rapidamente. A primeira companhia aérea que lançou o programa de milhagem fez um tremendo sucesso. Hoje, como se vê, esta ação já não é mais novidade. Porém, este contexto, na verdade, é muito válido: dessa forma temos motivos para ser ainda melhores.

▶ **Ser diferente deve valer algo.** Encantar o cliente todo mundo quer. A questão é que parece que algumas empresas esquecem que cliente existe para, além de outras coisas, dar lucro. É bom ser diferente, mas é ainda melhor ser lucrativo. Não adianta nada ser diferente por ser diferente. É preciso que isto aumente nosso retorno, e a visibilidade de nossa marca. E, além disso, é preciso ser diferente não só em relação ao cliente e a fornecedores, mas principalmente em relação à nossa equipe. A qualidade no atendimento que seu cliente recebe é diretamente proporcional à forma como a empresa trata seu colaborador. O cliente quer comprar de empresas diferentes, não que faça somente produtos diferentes. Empresas social e ecologicamente corretas, que estejam atentas à qualidade percebida pelo usuário e não só à qualidade produzida.

O recado está dado; agora é pensar: Como diferenciar minha empresa?

# Dez Dicas Extremamente Simples Para Alavancar a Sua Carreira

Para aumentar sua produtividade e alavancar sua carreira, é preciso estar constantemente "afiando o seu machado", como nos diz a parábola. Ou seja, é preciso estar sempre revendo conceitos, adaptando-se ao novo, procurando novas possibilidades de melhorias... Apesar da simplicidade destas posturas, podemos notar que, a cada momento em que nos lançamos a este tipo de reflexão, mergulhamos em teorias e sistemas complexos, procurando sempre o caminho mais difícil. Vivemos boa parte de nosso tempo nos retorcendo com o passado, preocupados com o futuro e vivenciando muito pouco o presente. Confessemos: quanto tempo faz que não nos preocupamos quase que exclusivamente com o *presente*, com o *agora*, com o *já*? É no presente que nos acertamos com o passado e que preparamos um futuro melhor. É no presente onde tudo acontece. Somente o presente nos pertence.

Fique atento às dicas comportamentais listadas a seguir, que trazem informações para ajudar você a alavancar a sua carreira. São extremamente simples e, talvez por isso, muito eficazes. É lógico que não se restringem a dez somente, porém são algumas que destaco como fundamentais. Procure torná-las um hábito em sua vida, no seu cotidiano, e aguarde os resultados. Com certeza, eles virão...

**Foque o positivo.** Tudo na vida tem dois lados: o positivo e o negativo. Óbvio? Nem tanto assim. Os pensamentos levam à ação, e pensamentos positivos levam a atos positivos. A grande maioria das pessoas está sempre procurando "pêlos em ovos". Dizem que 90% de nossos problemas são imaginários, coisas que fantasiamos. E, por conseqüência, acabamos antecipando o fracasso por medo de tentar. Pense em sua vida. Você é daqueles que valorizam suas conquistas, sejam elas pequenas ou grandes, ou fica sempre olhando para a "grama do vizinho", acreditando firmemente que é um ser injustiçado? É cômodo reclamar. Portanto, tome iniciativas. Procure transformar em novas oportunidades fatos que a princípio lhe parecem adversos. Lembre-se: os vencedores são otimistas por natureza.

▶ **Aja com entusiasmo.** O entusiasmo é contagiante. Felicidade atrai felicidade, e sucesso atrai mais sucesso. Pense: as pessoas que acreditam em si mesmas, que estão sempre sorrindo, têm mais amigos, são mais felizes e realizadas. Para se destacar, ser um verdadeiro talento, o profissional deve ter duas características imprescindíveis: competência técnica e paixão por aquilo que faz.

▶ **Não julgue precipitadamente.** Evite rotular pessoas ou situações. Nunca ouça somente uma opinião ou tire conclusões precipitadas. Você poderá estar cometendo uma grande injustiça, criando um ambiente negativo em sua casa ou no trabalho. Ninguém, eu disse **ninguém**, é dono da verdade. O que é certo para um é errado para outro. Conflitos fazem parte de nossa vida. Enfrente-os de frente, encare a situação com maturidade, transparência e honestidade. A melhor forma de resolver um conflito é indo direto à sua fonte. É difícil... Às vezes, constrangedor... Mas fique certo de que é o melhor caminho.

▶ **Seja empático.** Empatia significa colocar-se emocional e psicologicamente no lugar do outro. Procure ampliar sua visão. Veja a situação com os "olhos do outro". Faça esta experiência. Antes de tomar uma decisão, procure ver como ela afetará o restante de sua equipe, as relações com o mercado, fornecedores e parceiros. Que tal aprender a ouvir? Já reparou que ouvir é diferente de escutar? Ouça com atenção: olhe para quem está lhe falando, faça com que seu interlocutor se sinta importante. Um erro muito comum é ter uma postura com seus subordinados e outra completamente diferente com seus superiores. Ouça os argumentos de seus colegas, pondere honestamente sobre suas sugestões, não cometa o erro de acreditar na frase: "Só existem dois tipos de pessoas para mim: as erradas e as que concordam comigo."

▶ **Fale menos e faça mais.** Os verdadeiros campeões são homens ou mulheres de poucas palavras e de muita ação. Um exemplo vale mais do que mil palavras. Seja o exemplo, independentemente do que os outros pensem ou digam. Ao invés de repetir o sermão da globalização (competição, atualização, inovação e criatividade), aja. Faça mais, crie mais, estude mais, leia mais, e inove mais!

▶ **Pergunte sempre: isso agrega valor?** Acredite, você pode aumentar a qualidade e a produtividade de seu trabalho com esta simples pergunta: Agrega valor? Este determinado processo, relatório, equipamento, produto ou até cliente agregam valor à companhia? É incrível a quantidade de dados e controles que são preenchidos e que para nada servem. Não reduzem custos, não aumentam a qualidade ou a produtividade. Agora é hora de comparar a qualidade produzida *versus* a qualidade percebida pelo cliente, seja ele externo ou interno.

▶ **Aprenda a se automotivar.** Especialistas nos ensinam que temos quatro grandes fontes de automotivação. São elas:

- Você mesmo com suas crenças e atitudes;
- Pessoas à sua volta;
- Mentor emocional;
- Ambiente e instalações (fatores como ar, iluminação, cores e decoração fazem parte dos "detalhes" que nos levam a uma maior produtividade).

Sendo assim, busque apoio e incentivo em amigos e parentes; tenha em mente um personagem real ou fictício, alguém que realmente lhe inspire; transforme o seu local de trabalho em algo alegre e agradável... Enfim, procure e disponibilize a sua fonte de motivação.

▶ **Prepare sucessores.** Quer crescer? Então, contribua para o crescimento de outras pessoas. Esta é a melhor forma de crescer pessoalmente e profissionalmente. Isso motiva as pessoas à sua volta e atrai bons talentos para sua equipe. E, além disso, você não perderá boas oportunidades simplesmente por não ter a quem lhe substituir.

▶ **Compartilhe o sucesso.** Sempre deixe claro que a razão de seu sucesso deve-se ao trabalho e apoio de muitas pessoas. Não existe nada pior do que fazer com que os outros não se sintam reconhecidos. E, infelizmente, nos dias de hoje, este é um dos aspectos mais falhos que existem no ambiente organizacional. Lembre-se sempre do exemplo do nosso querido Guga, quando ganhou a final do torneio de Masters, em Lisboa. Recordo-me de que, em seu discurso, o atleta agradeceu, entre outros companheiros de trabalho, aos catadores de bolinhas e às cozinheiras do torneio. Conscientize-se, portanto, de que reconhecimento é tão bom quanto uma boa remuneração. E não se esqueça: não é preciso ser dono, diretor ou gerente para fazer um elogio, sorrir ou simplesmente dizer "muito obrigado".

▶ **Valorize a ética e a cidadania.** A lealdade às empresas, hoje, é rara. Poucos pensam em passar a vida inteira dentro da mesma organização. Portanto, ajude a criar um novo diferencial para a sua empresa. Ajude a sua companhia a preparar profissionais para o país e não somente para o mercado, incentivando-a a colocar em prática algum programa social, que envolva inclusive os funcionários. Existem várias formas de doação: além de dinheiro, a organização pode doar um pouco de tempo, conhecimento e habilidades dos seus colaboradores. Os melhores profissionais valorizam o trinômio empresa-colaboradores-comunidade de maneira respeitosa e engrandecedora, e sentem orgulho em trabalhar numa organização que possui estes mesmos valores.

Agindo de acordo com princípios como estes, fique certo de que você irá "afiar o seu machado". Sua carreira agradece...

# ATITUDE É TUDO!

"Melhor do que acrescentar dias à nossa vida é acrescentar vida aos nossos dias" – já dizia Benjamin Franklin. Quando ouço essa frase, sempre me lembro de um fato curioso em meu primeiro emprego.

Certo dia, uma determinada máquina da empresa onde eu trabalhava apresentou um problema, porém de fácil solução. Lembro de meu chefe dizendo: "Isso é de conserto rápido. É só ir à loja da esquina, comprar um *relê*, e pronto." No entanto, muitos dias se passaram até que alguém resolveu se levantar da cadeira e ir até uma loja comprar o tal *relê*. Imaginem que houve até comemoração quando o *relê* chegou e a máquina voltou a funcionar! Durante todo este tempo, todos sabiam o que fazer, mas ninguém fazia ou não se importavam em fazer.

Deste simples fato, pude tirar uma lição muito interessante. Em nossa vida, por incrível que possa parecer, também é assim: sabemos o que fazer, como resolver os problemas da família, do vizinho, e até do país, mas encarar nossos próprios revezes é outra história, não é mesmo?

Para vencer é preciso atitude. A vida só recompensa a ação. Pensando nisso, que tal agir? Mas agir com inteligência, com o foco no resultado. Acompanhe estas dicas.

**Tenha sonhos.** O sonho é o alimento da alma. Todo projeto nobre começa por um sonho. A rotina, a mesmice nos faz deixar de sonhar. Sonhar em demasia leva à loucura... Mas, a ausência de sonhos suga a vida. Readquira sua capacidade de sonhar e nunca a perca de sua mente. Estamos desistindo de sonhar, abatidos pela realidade imposta no dia-a-dia. O sonho é o primeiro passo para a realização de seus objetivos. Mire-se no exemplo de Walt Disney, que construiu o maior parque de diversões do mundo em cima de um pântano: "Se nós podemos sonhar, podemos fazer", já dizia o grande mestre. Mas, lembre-se: todo sonho deve ter data marcada para acontecer. A mágica deve se tornar realidade.

▶ **Nada na vida acontece por acaso.** Não ouça a história; viva a história. Para ganhar na sena acumulada, é preciso jogar. Nada acontece de repente, por mais que assim pareça. Tudo é conseqüência de suas decisões, sejam estas pequenas ou grandes. Portanto acredite! Você, somente você, é o maior responsável pela sua vida. Desenvolva a sua carreira passo a passo, de forma sustentável. Sorte só existe para quem está preparado. E entenda que, por mais que você planeje, sempre haverá um imprevisto, uma perda de emprego, de uma promoção, de um grande amor... Sendo assim, adote a incerteza em sua mente, tendo a convicção de que, por vezes, é preciso mudar o caminho, aceitando o novo. Nunca se esqueça de que as poucas coisas certas que existem são a mudança, a morte, o pagamento e aumento de impostos (essa é sempre uma certeza)... Retire as palavras "estabilidade" e "segurança" de seu dicionário. Elas não existem mais no mundo de hoje. Resumo da ópera: trace o seu plano, coloque-o em prática, esteja sempre preparado para o inusitado e, por fim, tenha fé.

▶ **Faça o seu melhor, com aquilo que Deus lhe deu.** Todos temos dons. Todos, sem exceção, temos algo de bom, de diferente e para melhor. Deus lhe premiou com muitas coisas boas e com algo que somente você pode fazer melhor do que outros. Então, vá à luta! Acredite em seu diferencial. Descubra-o. Ele pode estar mais próximo do que você pensa. Você é um dos melhores do mundo nesse seu dom. Exercite-o! Persista em seu objetivo. O que você faria até de graça, simplesmente pelo prazer de fazer? Existe algo que você faz em que não vê o tempo passar? Pense nisso. O seu talento escondido pode estar aí.

▶ **Resgate o seu lado criança.** Volte a sonhar, a ser mais criativo, mais entusiasmado. Crianças não acordam tristes, estão sempre criando, imaginando. Não têm medo de errar, gostam de experimentar. Perceba: estamos na era do experimentar. Estamos experimentando novas formas de relacionamento com os clientes, novos hábitos de vida, novas tecnologias. Temos *test drivers* com carros, motos, barcos; provedores de Internet nos oferecem horas gratuitas; várias revistas nos oferecem edições-cortesia por semanas contínuas; provamos tipos e tipos de bebidas e alimentos em supermercados e shoppings... Não há crescimento sem o experimento. E o que vale é a realidade, não a simulação, apesar de sua grande importância. Crianças não temem o ridículo, não pensam no que os outros vão falar ao fazerem seus "experimentos". Quando castigadas, rapidamente voltam a sorrir, a brincar, não guardam mágoa no coração, sabem perdoar. Aprenda com as crianças.

▶ **Aprenda a continuar aprendendo.** O aprender é eterno. Muitas pessoas, após concluírem a universidade, nunca mais voltam a estudar, ou seja, nunca mais se reciclam. Responda rápido: quantos livros você leu nos últimos seis meses? O capital intelectual hoje está por todos os lados: na empresa, nos fornecedores, nos clientes, na comunidade, na concorrência, na web. Seja muito bom em alguma coisa, mas tenha uma noção de cada processo existente em sua empresa. Estude assuntos pertinentes à sua profissão, mas não se prenda demais a eles. Procure ler sobre ficção, romances, aventuras. Enfim, diversifique. Não fique preso a um único tema. Tenha hobbies, como pintura, fotografia, esportes... Algo não relacionado ao seu trabalho. Lembre-se: hoje os tempos são de multifuncionalidade.

▶ **Recicle-se e compartilhe conhecimentos.** O jeito mais fácil de crescer, de subir na vida, é ajudando aos outros. Procure lembrar dos seus melhores ex-chefes ou ex-gerentes. Aposto que eles tiveram participação decisiva em seu crescimento pessoal e profissional. De alguma forma, doaram o seu maior patrimônio: seu conhecimento e sua experiência. A melhor forma de compartilhar conhecimentos é contando histórias. Histórias nos fascinam. Portanto, seja um excelente contador de histórias. Hoje se fala tanto em *learning organization*, organização virtual, comitês de clientes... Mas, para o sucesso destas investidas, precisa-se, em torno das mesmas, de pessoas dispostas a adquirir e compartilhar conhecimentos. O verdadeiro poder está no compartilhar e não em reter conhecimentos. Não são as pessoas que produzem qualidade: são os relacionamentos que existem entre elas. Se os problemas hoje estão todos interligados, é preciso ter eficácia nos relacionamentos para gerar soluções duradouras. Network, lembra-se? A avaliação de desempenho hoje é simples. Basta uma única pergunta: "Quais são os seus resultados?" Transforme empenho em desempenho. Atualmente, o que conta são os resultados, os fatos concretos, preferencialmente mensuráveis. Como uma andorinha só não faz verão, relacione-se, promova o espírito de equipe.

Agora é hora de agir, experimentar, tomar uma atitude para ter uma bela, longa e realizada jornada. Não espere mais. Assimile estes toques e dê a partida nesta viagem!

## ACREDITE EM SEUS SONHOS

"Entregar-se a devaneios. Pensar com insistência. Seqüência de fenômenos psíquicos (imagens, atos, idéias etc.) que, involuntariamente, ocorrem durante o sono. Desejo, aspiração."

Essas são apenas algumas definições para a palavra **sonho** ou **sonhar** encontradas no dicionário Aurélio.

Como andam seus sonhos? Em que rumo sua vida está?

Este não é apenas um texto romântico, com aspirações filosóficas, mas sim um texto que pretende levá-lo a reflexões e a novos atos em sua vida.

Onde está escondido o seu lado sonhador? Será que não está sufocado, trancado, cercado de racionalidade por todos os lados?

Sonhar vale a pena.

Pesquise a história de grandes líderes, empreendedores, filantrópicos, pessoas que passaram por este mundo e fizeram a diferença. Em sua grande maioria, todos tinham um ponto em comum: um sonho. Grandes metas começam por um sonho.

O sonho é o começo de tudo. Walt Disney viu um pântano, sonhou que lá poderia existir um mundo de fantasia e criou a Disneylândia. Albert Einstein foi definido por seus professores da seguinte forma: "Mentalmente lento, insociável e eternamente mergulhado em sonhos imbecis." Esses mesmos sonhos imbecis transformaram a física. John Lennon sonhou e foi um dos fundadores da maior banda de rock de que já se teve notícia e, além disso, criou uma das músicas mais conhecidas e tocadas em todos os tempos. **Imagine** fala de um sonho, de um mundo melhor, sem conflitos, mais humano, igualitário, onde a paz prevalece.

O sonho é um recurso, um grande aliado para o seu sucesso.

▶ **Primeiro o sonho, depois a ação.** Um sonho sem ação é o mesmo que nada. Planeje como executar o seu sonho, para que ele não se torne uma boa lembrança. Coloque no papel os passos que podem transformar esse sonho em realidade. Da cabeça para o papel. O importante é registrar formalmente o seu sonho.

▶ **Sonhos não se tornam realidade do dia para a noite.** Todo sonho é mágico, mas magia também dá trabalho. É preciso persistência para realizar seu sonho; nem pense em desistir nos primeiros obstáculos. Adversidades existirão e é importante que você esteja preparado para enfrentar críticas e falta de apoio. Pessoas sonhadoras são consideradas fora de órbita, fora da realidade e, algumas vezes, loucas.

▶ **Convença a si mesmo.** Seu sonho somente se tornará realidade se você estiver convencido de que pode realizá-lo e de que mudar vai valer a pena. E mudar tem um significado amplo, que vai desde mudança de comportamento e postura até de estratégias quando as atuais não estão dando certo. Você está apto a sair da sua zona de conforto? Lembre-se de que, fazendo aquilo que eu sempre faço, só ganho aquilo que sempre ganhei.

▶ **Interprete o espírito de sua época.** O seu sonho é condizente com o momento atual de sua vida, é economicamente e socialmente correto? Caso não seja, qual é a sua previsão para que isso aconteça? Outro ponto importante é que seu sonho deve estar alinhado com suas metas pessoais e profissionais. Você pode sonhar em realizar o Caminho de Santiago. Mas, você está se preparando física, psicológica e financeiramente para isso?

Quantos livros ou relatos você já viu ou ouviu de pessoas que já estiveram por lá? Todo sonho requer preparação e pesquisa.

▰▰▰ **Seja comprometido.** Muitos sonham em cursar uma boa universidade. Mas incrivelmente, toda vez que pergunto a um vestibulando como ele foi nas provas a resposta é quase sempre a mesma: "Mais ou menos, mas eu não estudei mesmo, então, se eu não passar, tudo bem..."

Tudo bem pra quem? O candidato já entrou derrotado. Sonhou, mas não se comprometeu. E em quantas situações em nossa vida já entramos esperando a derrota? Com uma desculpa pronta, com se fôssemos obrigados a dar satisfações a tudo e a todos. Sim, temos de dar satisfações, mas para poucas pessoas. Esqueça os outros. Entre para vencer! Todo sonhador deve estar pronto para levantar, sacudir a poeira e continuar o seu caminho.

▰▰▰ **Desenvolva suas competências.** Aprimore suas habilidades e conhecimentos. Ser competente significa, de uma forma resumida, aliar o "saber fazer" com o "querer fazer". E o "saber fazer" tem a ver com a dimensão racional. Aí entra o treinamento, a experiência, o conhecimento técnico. Já o "querer fazer" tem a ver com a dimensão emocional. Gostar do que faz, fazer com paixão, não ver o tempo passar quando está realizando o seu trabalho. Alie razão e emoção.

▰▰▰ **Sonhe mais alto.** Ao atingir e realizar um dos seus sonhos, parta para um sonho maior. Erro maior não é sonhar alto, mas sim deixar de sonhar. O sonho é um dos alimentos da alma, portanto não deixe o mundo fazê-lo parar de sonhar. Realização pessoal é a alegria de ver um sonho tornado realidade. Você é quem determina o tamanho de seu sonho, de acordo com o seu potencial, sua vontade, suas aspirações.

▰▰▰ **Tenha entusiasmo.** O sonho provoca emoções intensas, nos faz sentir vivos, faz o sangue correr pelas veias. Entusiasmo é o sopro divino, é aquela força que ninguém sabe de onde vem, que surge de dentro e nos leva a realizar o que nos parecia impossível. O sonho somente se realiza com entusiasmo. Um não vive sem o outro; eles se completam no duro caminho da realização. O entusiasmo é a força que vai fazer você continuar, mesmo que tudo esteja dando errado; é ele quem vai fazer você levantar a cabeça e enxergar algo maior e não apenas os próprios pés. Cultive o seu entusiasmo com pequenas ações, como lembrar todo dia que você está aqui para fazer a diferença. Não queira ser mais um na multidão. E para isso não é preciso ser famoso, estar na mídia, ter muito dinheiro ou muito estudo. Isso tudo são desculpas. Desculpas para não fazer, para não viver plenamente.

Entre para o clube dos sonhadores. Resgate os seus sonhos. Faça sua vida valer a pena.

E nunca se esqueça da célebre frase de Joel Baker:

"A visão sem ação não passa de um sonho. A ação sem visão é só um passatempo. A visão com ação pode mudar o mundo."

# A Hora e a Vez do Trabalho em Equipe

Nunca, em nenhum outro período da história, escrevemos e falamos tanto sobre o trabalho em equipe. Justamente em função disso, é chegada a hora de analisarmos, sob um ponto de vista crítico, o conteúdo colocado em pauta nestas persistentes ocasiões, pois muitos mitos e histórias "malcontadas" proliferam no meio empresarial a respeito do tema.

O primeiro ponto a ser apresentado refere-se a uma nítida contradição que percebemos no meio organizacional. Enquanto algumas empresas obtêm um sucesso estrondoso com suas equipes de trabalho, a grande maioria amarga maus resultados ou sucessos "relâmpagos".

Entre os bons exemplos podemos citar a Pfizer, com seu famoso Viagra, que, após décadas de pesquisas e recente lançamento em 1998, já é um produto tão conhecido quanto a Coca-Cola. Méritos de uma empresa, que investe bilhões de dólares anuais em pesquisa, e de sua equipe, de cerca de 60 profissionais, que trabalharam nesse projeto.

Mas nem tudo são flores e, segundo pesquisas da empresa de consultoria em recursos humanos Hay, somente 25% das experiências com trabalho em equipe são bem-sucedidas, e mais, quando dão certo, os resultados tendem a desaparecer rapidamente.

Então, qual será a justificativa para este quadro conflitante?

Talvez o fato de, não raras vezes, valorizarmos técnicas de trabalho em equipes aclamadas em outros países, esquecendo de avaliar sobre como adaptá-las para a nossa cultura regional (sim, pois cada região de nosso imenso Brasil tem suas particularidades, ou não tem?), nosso jeito de ser e de viver, nossos valores e crenças.

Acredito que temos que redescobrir o ser humano, que o presente e o futuro estão na criatividade das pessoas, no espírito de equipe, e que vão e já estão vencendo as empresas que tiverem os melhores talentos em seus quadros; afinal estamos na Era do Conhecimento, e o maior diferencial competitivo é o Capital Intelectual.

Precisamos aprender a trabalhar em equipe, maximizar o potencial de cada pessoa, aprender a viver com diferenças e extrair o melhor da diversidade que existe dentro de cada organização. É preciso entender que trabalhando em equipe temos mais chances reais de superar nossos limites.

Seguem agora algumas sugestões para quem quer aprender a trabalhar em equipe, de forma a vencer "em conjunto".

**Defina claramente a missão, os valores da empresa e os objetivos da equipe.** É imprescindível definir qual é o negócio de sua equipe, onde se encontra, exatamente, a linha de chegada e quais são as metas a serem atingidas. Sendo assim, é preciso que cada equipe de trabalho, seja ela temporária ou fixa, formalize sua missão dentro da organização. E, da mesma forma, é indispensável definir minuciosamente o "como agir" e os papéis a serem ocupados por cada um. Quanto mais claras estiverem as estratégias, táticas e responsabilidades, melhor. Lembre-se: cegos atirando no escuro dificilmente acertam o alvo.

**Transparência e confiança.** Entre os membros da equipe e entre a alta administração e a equipe e vice-versa. Os melhores talentos valorizam e preferem trabalhar em empresas e com líderes que realmente acreditam e praticam essas palavras. Não dê margem a boatos ou a informações infundadas. Se for para errar, erre pelo excesso de comunicação, não pela sua falta. São vários os casos de equipes que se formaram para implantar um determinado projeto e com o tempo começaram a surgir "panelinhas" e "estrelas". Onde a vaidade e o orgulho prevalecem, nem é preciso comentar os resultados finais. Tais contextos põem a confiança do grupo em prova e ameaçam o sucesso de qualquer equipe e empreendimento.

▶ **Respeito à individualidade.** Equipes são formadas por indivíduos... Cada qual com sua história de vida, formação, experiências e muitas outras características diferentes. Sendo assim, é importante conscientizar e treinar as pessoas para que convivam e tirem o máximo de proveito desta diversidade. Aprendendo a aceitar as diferenças de pensamentos, crenças e valores que coexistem no grupo. Cada ser é único, repleto de aspirações e motivações distintas, que podem ser a chave para o sucesso de sua equipe. Procure identificá-las, e vibre com os resultados.

▶ **Comprometimento e geração de valor.** Equipes com um grande número de pessoas tendem a desfragmentar-se. É preciso evitar aquelas equipes do nosso tempo de escola onde dois faziam e quatro ficavam olhando. A pergunta aqui é: O que cada membro está produzindo de valor, o que ele realmente está acrescentando à equipe? Além disso, é fundamental responsabilizar e reconhecer a performance de cada integrante, a cada nova etapa do trabalho que está sendo desenvolvido.

Com base nestas pequenas dicas, acredite e desenvolva a equipe em que você trabalha. O *"eu"* sozinho é limitado de recursos, tempo e conhecimento. *"Eu"* não tenho todo o tempo do mundo, *"eu"* não sei tudo...

A melhor forma de vencer crises, de crescer pessoal e profissionalmente é ajudando os outros a crescerem como seres humanos dentro de uma equipe coesa, respeitando as individualidades e descobrindo o que cada membro tem de melhor. Como dizia o escritor Luciano de Crescanzo: "Somos todos anjos de uma asa só, por isso só podemos voar abraçados uns aos outros..." Pense nisso... E mãos à obra.

## CRIATIVIDADE NOS NOVOS TEMPOS

"Quem não vive o espírito de seu tempo vive suas mazelas."
Esta frase, registrada no epitáfio do grande filósofo francês Voltaire, é perfeita para introduzirmos uma reflexão de grande importância especialmente nos dias atuais.

Qual é, afinal, o espírito de nosso tempo? Uma verdadeira metamorfose, podemos dizer.

Inovações tecnológicas, Internet, biotecnologia, revolução genética, genoma, entre várias outras manifestações de uma nova era, estão nos levando a questionar diariamente nossa concepção de sociedade, antigos valores e crenças, nossas atitudes... E, em muitos casos, têm intimidado inúmeras pessoas em sua trajetória rumo ao sucesso no trabalho.

E aí está você tendo de sobreviver nestes novos tempos, fazer a diferença, procurando agregar valor e não custos.

Fazer a diferença. Eis o ponto fundamental da nova economia, afinal nova economia não é sinônimo de Internet. Nova economia é algo que está relacionado a agilidade, qualidade e produtividade, inovação e estresse, muito estresse, porque a pressão por resultados é grande.

Quer fazer a diferença?

Use o dom que Deus deu a todo ser humano e que está dentro de você: *sua criatividade*.

Ninguém nasce mais ou menos criativo; a criatividade é uma questão de treino e uso. E o melhor: é possível aprender a ser mais criativo!

Para enfrentar este novo contexto, é muito importante adotar algumas atitudes simples e eficientes que podem ajudá-lo a se tornar mais criativo e inovador, e, dessa forma, contribuir para que alcance a almejada excelência profissional. Confira as dicas a seguir.

**Seja autêntico.** Eu também gostaria de ser um Einstein, mas não sou. Ele era único e inigualável... Assim como você e eu. Na minha concepção, só existe uma única regra para o sucesso: aceite-se como você é. Com seus pontos fortes e fracos, suas limitações e sonhos. Sim, você pode e deve mudar...

Mas lembre-se: ninguém muda 100%.

Não fique se depreciando, pensando o quanto seria bom se você fosse tão criativo quanto fulano ou beltrano. Você é seu maior patrimônio, invista em si mesmo.

**Não tenha medo de errar.** Temos de controlar nossa tendência de aceitar o fracasso e lutar mais pelo sucesso. Portanto, maximize todo o seu talento e esforço para o acerto e passe a acreditar mais nas possibilidades de sucesso. Todos nós erramos, é humano. Errar faz parte do aprendizado.

**Quebre paradigmas.** Repense e crie novos hábitos, quebre preconceitos. Aprenda e procure novos caminhos. Entrar na mata nativa para abrir uma nova "picada" pode trazer maiores benefícios do que seguir pela estrada já pavimentada. Procure a solução do problema. Não perca mais tempo pensando no que já aconteceu. Aprenda com o passado, mas não fique obcecado por ele. Busque a causa e a solução do problema, preferencialmente com a participação de todos os envolvidos no processo.

▶ **Crie uma auto-imagem positiva.** Você é aquilo que pensa ser. Visualize-se, então, como uma pessoa vencedora e apta a vencer grandes obstáculos. Uma das estratégias dos grandes maratonistas é imaginar-se terminando a prova entre os primeiros colocados. Vibre com suas conquistas, sejam elas grandes ou pequenas. E acostume-se a celebrar!

▶ **Seja liberado.** Isso, assim mesmo, no sentido literal da palavra. Não estou sugerindo que você fale ou aja sem pensar, mas sim que procure ser uma pessoa mais solta, caso você ainda não tenha esta postura. A alegria e o bom humor devem fazer parte de nosso ambiente de trabalho e de nossa vida. São grandes recursos para o aumento da qualidade e da produtividade e para a geração de novas idéias. É claro que temos dias felizes e tristes (e quem não os tem!), mas se conseguirmos maximizar os pequenos momentos de felicidade, poderemos "escapar" mais rapidamente dos momentos infelizes. Pense: quando você está feliz e apaixonado, você não se sente mais criativo?

▶ **Auto-superação.** Essa é a palavra-chave para a excelência pessoal e para a criatividade. Transforme suas idéias em soluções práticas, procurando sempre melhorar continuamente, elevando sempre seus objetivos. Temos a triste mania de só nos considerarmos pessoas criativas quando temos grandes idéias, grandes projetos. No entanto, nossa vida pessoal e profissional é formada por pequenos atos. São os pequenos atos e pequenas mudanças que realmente nos transformam profundamente.

Acredite e desenvolva o seu potencial criativo. Pensar não custa nada, é uma questão de hábito e, o melhor, pode lhe trazer grandes lucros e realizações.

Coloque em prática estas dicas e confie no seu talento. Acredite! O novo milênio, os novos tempos, reservam um espaço gratificante para você!

# EXERCITE O RIDÍCULO

Eis aqui um fato consumado: A grande maioria das pessoas não dá idéias, não exercita a criatividade por um simples motivo: medo do ridículo. E aí está a sua empresa perdendo talentos, deixando de ouvir boas idéias, devido ao medo de exposição de seu pessoal.

E sabe por que isso ocorre? Simples. Porque morremos de medo do que os outros vão pensar... Do que os outros irão falar. Enfim, temos medo do fracasso.

Não tenha medo do ridículo. Nem todas as suas idéias serão geniais, mas, fique certo: só acerta quem tenta. Os outros pagam as suas contas? Os outros vivem a sua vida? Então, por que esta enorme preocupação com que os outros pensam ou deixam de pensar? Foque o resultado, fique de olho, monitore o processo...E vislumbre o sucesso.

Proponha a você mesmo um pacto:

▸ **Exercite o ridículo.** Que tal se todos, sem exceção, independentemente de hierarquias, apresentassem suas idéias, suas sugestões. Para se conseguir bons resultados é preciso boas idéias. E idéias valem não só pela sua qualidade, mas principalmente pela quantidade. Quanto mais idéias você der, mais chances você terá de ser o autor de uma grande idéia. É como no ramo de vendas: quanto mais visitas você faz, maiores são suas chances de vender. Experimente, numa reunião qualquer, dar uma idéia, quando todos menos esperarem. A princípio, qual dessas reações lhe vem à cabeça?

– Xiii, lá vem...

– De novo...

– Já fizemos isso antes...

A lista é interminável e conhecida.

Vou lhe ensinar um segredo. Perdi o medo de dar idéias, e, apesar de errar muito com essa postura, também alcanço muitos acertos e, no pesar da balança, o saldo é positivo. Para perder o medo do ridículo é preciso fazer o Juramento do Ridículo. É simples, fácil e, se aplicado corretamente, lhe trará excelentes resultados. O juramento é ridículo, pode ter certeza, mas eis aí o seu primeiro desafio para perder o medo deste terrível mal. Boa sorte!!!

### JURAMENTO DO RIDÍCULO

Eu, (nome de guerra), juro não temer mais desafios, ponderar sobre mudanças e não temer o novo (ou, no mínimo, temer menos).
Não terei medo de dar idéias ou de aplicar novos conhecimentos por mais que isso pareça ridículo e estranho aos outros (afinal, não são os outros que pagam minhas contas, e, muito menos, vivem minha vida).
Prometo viver mais, aprender mais e experimentar mais.

**PORQUE A VIDA É PARA SER VIVIDA!!!**

# Medo de Mudar?

Não, não tem jeito. A única coisa que não deve mudar nos próximos anos é o constante estado de mudanças em que vivemos. E mais... Elas serão cada vez mais rápidas. O que isso significa?

Significa que, para conseguirmos acompanhar e termos sucesso em nossa vida, teremos de nos adaptar a novas situações, aprender a aprender, reciclar conceitos, posturas e atitudes.

Mas mudar nosso jeito de ser não é fácil. Ressalto aqui que, quando falo em mudanças, não estou sugerindo que você mude tudo, bruscamente. Muito pelo contrário. As mudanças mais eficazes são as que são feitas sem traumas, planejadas e executadas de forma transparente.

Fazendo o que sempre faço, só ganho aquilo que sempre ganhei.

Por que mudar?

Simplesmente porque o mundo em que nós nascemos não é mais o mundo em que vivemos.

Mas como mudar?

**Saia da zona de conforto.** Todos nós, sem exceção, temos nossos hábitos, crenças, valores, preconceitos, soluções testadas para determinadas situações. O problema não é mudar? É saber o que e o quando mudar. Ao mesmo tempo, estamos evoluindo como profissionais e seres humanos. Então, como descobrir qual a velocidade em que devo mudar? Nada é estático, e aceitamos certos graus de mudanças. Descubra quais os pontos que hoje atrapalham a sua ascensão profissional ou algo no campo pessoal. É preciso buscar novas habilidades e aptidões para ser mais competitivo no mercado. Que competências me faltam? Mudar não é fácil e é preciso responder de forma adequada a estas perguntas.

▶ **Medo e insegurança.** Anormal seria se não tivéssemos essas sensações. O desconhecido gera medo e insegurança. É natural passarmos por este processo; aliás, ele é benéfico, porque nos faz ponderar um pouco mais, evita que tomemos decisões precipitadas. O problema é quando o medo não nos deixa agir. Medo é normal, mas continue a pesquisar, verificar se vale a pena mudar. Não fique estático, não pare o processo. Torne o medo um aliado. O que exatamente me causa medo no processo de mudança? Medo de perder o emprego, a família, os meus bens materiais? O que assusta tanto que não me deixa evoluir?

▶ **Novas possibilidades.** Esta é a recompensa para quem consegue superar as etapas acima. Novas possibilidades de ganho, atravessar e conhecer novas fronteiras, vencer o desconhecido. Novos desafios demandam novos talentos e competências a serem adquiridos. Não existem desafios que não exigem mudanças. Diga não à rotina. Pergunte sempre: e por que não? Essa pergunta é preciosa. Para mudar é preciso questionar. Questione, questione e questione exaustivamente. Procure olhar a situação com novos olhos, de forma empática. Não fique preso a somente um ponto de vista. Aceite opiniões, novas idéias, crie novas oportunidades.

▶ **Convença a si mesmo.** Seja qual for o processo de mudança, a primeira pessoa a ser convencida de que vale a pena mudar é você mesmo. Inicie um processo de mudança, seja profissional ou pessoal, somente se estiver plenamente convencido de que vale a pena, de que existem riscos. A partir do momento em que você não está certo do que fazer, é melhor preparar-se um pouco mais. Lembro-me que dificilmente alguém estará 100% pronto: imprevistos ocorrem no meio do caminho. Mas só os supera quem estiver realmente comprometido e convencido de que os resultados esperados podem surgir. É incrível, mas o primeiro sabotador de nossos projetos é o nosso próprio "eu". É uma daquelas duas vozinhas que vivem brigando: uma falando para ir em frente e a outra dizendo que nada vai dar certo. Para que você perceba o quanto isto é normal e verdadeiro, veja o quadro abaixo e tente acertar todas as cores na primeira vez.

**Lembre-se:** você é a primeira pessoa a estar plenamente convencida de que mudar vale a pena!

Olhe o quadro abaixo e vá dizendo <u>as cores</u>, não os nomes.

| Vermelho | Verde | Azul | Laranja |
| Amarelo | Preto | Vermelho | Azul |
| Roxo | Verde | Vermelho | Preto |
| Amarelo | Azul | Verde | Roxo |
| Laranja | Preto | Azul | Verde |

Conflito entre os lados do cérebro; o lado direito tenta dizer a cor, mas o lado esquerdo insiste em ler a palavra.

# CLIENTE-FÃ

Era do Conhecimento. Era do Caos e das Incertezas. Era da Experimentação. Era da Informação. Nova Economia. Era do Talento Humano. Economia do Cliente.

Essas são apenas algumas terminologias usadas para definir os tempos atuais. Existe uma grande necessidade em nominar períodos e fases de grandes transformações.

Hoje vemos várias siglas, sistemas e mais sistemas com promessas de maior competitividade e aumento nos lucros, mas o fato é que o tempo passa, as siglas mudam, mas, no fundo, o que todas as empresas buscam é o que sempre buscaram: bons funcionários, qualidade no atendimento, satisfação do cliente e aumento na lucratividade.

Daí surgem expressões como *encantar o cliente, o cliente é o rei, superar as expectativas...* E aumenta a procura por talentos com capacidade para desempenhar tais funções, capacidade essa que, muitas vezes, é confundida com a capacidade de conseguir um diploma de MBA, que na verdade, na imensa maioria das vezes, é o mesmo curso de pós-graduação de sete ou oito anos atrás. Alguém duvida disso?

Não que as campanhas e teorias não sejam válidas. Sim, são válidas. Mas, cuidado com o extremismo e com o exagero na aplicação dessas teses.

Empresas gastam fortunas para implantar sistemas como CRM (Customer Relationship Management), mas poucas têm resultados mensuráveis e retorno desse investimento. Na implantação dessas novidades, muitas empresas têm seus prazos e orçamentos estourados.

Na verdade, o que toda empresa quer e deve fazer, independente de tamanho e área de atuação, é prestar um serviço ou vender um produto de qualidade, que atenda à expectativa do cliente – se possível superando-a –, prestar um bom serviço de pós-vendas, ter lucro e procurar crescer gerando mais empregos e benefícios para a sociedade.

Hoje, está evidente que o foco é o cliente, não só o externo, mas também o interno.

O que queremos é algo como ter clientes-fãs. A comparação aqui serve para ilustrar de uma forma simples e prática o que nunca deve ser esquecido, pois quem mantém sua empresa e paga o seu salário ou pró-labore é o seu cliente.

Para ser mais radical: a roupa que você está usando, tudo o que você tem dentro da sua casa e a refeição, que diariamente você faz, quem lhe deu foi o cliente. Ponto.

Todos somos fãs de alguém. Por exemplo: quando uma mulher é convidada para ser madrinha de um casamento, ela pergunta às amigas onde comprar uma bela roupa. É comum respostas como: "Vá até a loja X e procure pela Cidinha. Ela sabe tudo de moda. Não esqueça de dizer que fui eu quem indiquei."

Somos fãs de garçons, padeiros, músicos, concessionárias de veículos, entre mil outros exemplos. Isso se deve ao fato de que, muitas vezes, a empresa está representada por uma pessoa com a qual nos identificamos. Afinal, quando trabalhamos em uma empresa, ganhamos um novo sobrenome: você conhece o Carlos do Banco do Brasil, a Rita do SENAC, o Pedro dos Correios etc.

Diante disso, saiba por que e como ter clientes-fãs:

▶ **Em média, 1% de retenção de clientes significa 7% de aumento nos lucros.** Quem descobriu isso foi a Disney, que recebe em média 70 mil visitantes/dia, sendo que 70% de seus "convidados" são ex-visitantes.

▶ **Invista em seus clientes atuais.** O marketing informal, "boca a boca", é poderoso, eficaz e possui grande credibilidade. Cliente atual é cliente conquistado e não em potencial. Ele pode lhe trazer novas indicações, sugestões de melhoria e aumentar o seu *portfolio* de produtos. A grande maioria das empresas conquista novos clientes e depois os esquece no seu banco de dados. Assim, os clientes são tratados como roupas usadas, que ainda servem, mas que ficam lá num cantinho esquecido dentro do armário. Portanto, não esqueça: o maior vendedor de sua empresa é o cliente satisfeito.

▶ **Cuide dos clientes ocultos; eles pouco aparecem mas decidem.** Quem paga é a pessoa X, mas quem decide é a pessoa Y. A mulher não diz qual carro o homem deve ter, porém ela influencia em muito em qual ele não deve ter. O comprador do hotel é quem efetiva o pedido dos produtos higiênicos, mas é a camareira que aprova, indica, reclama ou elogia o produto que está sendo utilizado pelo hóspede. Basta dizer um "não compre mais" para o comprador, e pronto: você acaba de perder um cliente. Então procure analisar, na sua área, no seu caso, quem é o cliente oculto? Quem decide? Eu tenho dado a atenção necessária a essa pessoa?

▶ **Analise a vida do seu cliente em suas diferentes fases.** Talvez hoje o seu cliente precise do mais barato, do menos sofisticado e isso pode ser explicado por motivos bem simples: pouco poder aquisitivo, o não-uso de um serviço adicional ou qualquer outro benefício. Mas, amanhã, ele pode ser promovido, mudar de emprego, estar em vias de se casar, ter um ou mais filhos... Enfim, as necessidades e os sonhos mudam, os desejos de compra se renovam e o cliente de ontem não é mais o mesmo hoje e nem será parecido com o de daqui a alguns anos. Mantenha contato, não caia no esquecimento! Pesquise a vida, os sonhos, a realidade atual de seu cliente e procure atendê-lo dentro da sua realidade e não na realidade que você deseja. Não empurre um serviço a mais, um produto a mais; você pode ganhar hoje, mas não voltará a ganhar amanhã. Lembre-se de que o cliente compra pelas razões dele e não pelas nossas.

▰ **Desburocratize os processos e só prometa o que possa cumprir.** Facilite a vida de seu cliente, agilize o processo, dê mais autonomia à linha de frente, não robotize seu atendimento. Procure criar um atendimento diferenciado para quem freqüentemente prestigia sua empresa. Assim, você não estará tratando todos de forma igualitária. Isso não significa, de forma alguma, discriminar ou destratar novos clientes ou clientes em potencial. A meta é transformá-los também em clientes vip. Outro ponto importante é a eliminação de falsas promessas. Não crie ilusões ou expectativas desnecessárias: todos detestamos promessas não-cumpridas. Portanto, seja franco, transparente e, principalmente, honesto com o seu cliente. Se não é possível fazer ou entregar algo no prazo pretendido, diga a verdade, jamais engane o seu cliente. Esse é o caminho mais curto para o seu desaparecimento do mercado.

▰ **Preço é importante, mas somente preço não ganha jogo.** Ofereça algo a mais. Faça o cliente ter a sensação de que está fazendo um bom negócio. John Ruskin tem um pensamento para quem somente pensa em preço, preço e preço.

*"Dificilmente existirá alguma coisa neste mundo que alguém não possa fazer um pouco pior e vender um pouco mais barato, e as pessoas que consideram somente preço são suas merecidas vítimas".* Jonh Ruskin – 1819/1900.

O cliente é seu maior patrimônio. Preste atenção aos detalhes, pois são eles que fazem a diferença. Sistemas complexos, banco de dados afinados ajudam em muito no crescimento de sua empresa e no bom atendimento, mas nada, nada, ainda, supera qualidades como cortesia, atenção, empatia e um belo sorriso no rosto. Demonstre entusiasmo ao atender o seu cliente. O entusiasmo, assim como a felicidade, é contagiante. Nossa tarefa é dar ao cliente aquilo que ele não espera. Afinal, o que ele espera o nosso concorrente já oferece.

Então chegou a hora de pensar: "Hoje, quantos clientes tenho certeza de que são meus fãs?"

Motive o cliente a comprar de você. Crie seu fã-clube e depois espere para dar os seus autógrafos em muitas notas de fechamento de compra. Afinal, você será uma estrela no atendimento ao cliente.

# A Importância do Cliente Interno

É de grande pretensão descobrir o que cada cliente espera de uma empresa ou da compra de um determinado produto ou serviço. A começar pela definição de cliente, que pode ser tanto "externo" (aquele responsável pela compra) como "interno" (cada pessoa envolvida na elaboração de um produto ou serviço).

A questão é que, hoje, as organizações devem perceber que há somente dois grandes ativos: seus clientes e sua equipe de trabalho. Nenhum destes personagens é mais importante que o outro, e ambos são interdependentes. Não adianta a qualquer empresa contar com os melhores profissionais se as mesmas não tiverem a quem vender. E, de modo análogo, não é suficiente às instituições deter uma invejável carteira de clientes, sem dispor de bons talentos para mantê-la.

Perceba o quanto muda o conceito. Ainda hoje vemos empresas voltadas somente para a produção, ou seja, preocupadas apenas com a fabricação de seus produtos, suas máquinas importadas de última geração. E, como conseqüência, quase sempre enfrentam sérios problemas com a qualidade dos bens e serviços ofertados, a alta rotatividade de seu pessoal, e sua inconstante participação no mercado.

A empresa moderna, contrariamente a isso tudo, deve ter o foco não só na produção, mas também no cliente e no ser humano. Mas, afinal, qual é o conceito real de "cliente"? Cabe aqui uma reflexão.

Clientes são pessoas diferentes em momentos diferentes. Portanto, para vender mais e melhor é preciso compreender a natureza humana de cada indivíduo, e, para extrair o melhor de um funcionário, é preciso descobrir o que o motiva efetivamente.

Perceba que muito do que serve para o cliente externo serve também para a sua equipe. Sua empresa, com toda a certeza do mundo, algum dia fez alguma promoção para atrair ou manter seus clientes. E eu pergunto: Qual a "promoção" ou "campanha" realizada para manter, motivar e desenvolver os seus profissionais?

A empresa moderna, enfatizo, deve ter o foco no cliente, seja ele "interno" ou "externo", exercendo o chamado *endomarketing* (marketing interno) com a mesma intensidade com que aplica ações externas de marketing no intuito de ser reconhecida no mercado, ampliar vendas e garantir sua lucratividade.

Uma recepcionista pode causar danos a uma empresa? Não tenho dúvida de que sim. Imagine a recepcionista magoada com o tratamento que recebe dos donos do consultório em que trabalha. Ela pode desmarcar consultas, fazer confusão proposital com horários e planos de saúde. Quanto custa uma recepcionista desmotivada? Mais um exemplo da importância de se trabalhar o público interno é aquela velha história da transportadora que tem os melhores caminhões, a frota mais nova, e, no entanto, a maioria de seus motoristas ainda dirige de chinelo de dedo e não sabe realmente como manter o ativo da empresa, decorrendo em altos custos de manutenção. Aí pergunto novamente: – Qual é o maior ativo desta transportadora? Os caminhões de última geração ou os caminhoneiros que neles trafegam? Resposta correta: – Os dois.

Temos de parar com essa mania de ser 8 ou 80. Por que não podemos ter duas prioridades? Toda empresa procura ter ótimos profissionais, mas o que elas estão fazendo para desenvolvê-los?

O que o cliente interno espera?

▸ **O cliente interno quer respeito.** Respeito e transparência. Isto vale mais do que salário, pois salário incentiva, mas não motiva. Caso amanhã você receba um aumento de 100% (me convide para a festa!), com certeza, você irá ficar feliz da vida, mas, confesse, quanto tempo irá durar esta euforia? Certamente, você fará planos e planos... "Oba, agora posso colocar meu filho em um colégio particular, comprar um carro novo, pois posso suportar a prestação do leasing etc., etc.", poderá ser um de seus discursos. Mas a verdade é que em pouco tempo você estará com a nova renda comprometida.

▸ **O que o cliente interno espera é trabalhar em empresas diferentes**, que produzem não apenas produtos diferentes, mas sim em organizações social e ecologicamente corretas, que trazem benefícios sociais para a comunidade onde estão inseridas. Um exemplo de instituição e ação que atende a este objetivo: recentemente, a Porto Seguro Seguros contratou um pequeno, mas eficiente, grupo de teatro para visitar bares movimentados de São Paulo durante certo período. O slogan "Se beber não dirija, se dirigir não beba" era o mote da campanha. Os atores realizavam o teste do bafômetro *in loco* e, para os reprovados, ofereciam um cupom com desconto de 10% na corrida do táxi para que chegassem sãos e salvos até sua casa. Agora, um exemplo oposto, ou seja, de falta de compromisso social: a Chrysler do Paraná criou vários empregos, usufruiu da guerra fiscal entre os Estados e depois de algum tempo fechou a fábrica. Uma atitude infeliz de falta de transparência com sua equipe.

▸ **O cliente interno espera empatia.** Empatia é colocar-se psicológica e emocionalmente no lugar do outro. Quer saber como agir da melhor maneira possível dentro de sua empresa? Simples. Coloque-se sempre no lugar de quem comprou e precisa de uma eventual troca, de quem está sendo demitido, inseguro quanto à perda do emprego, ou recebendo novas informações. Como você gostaria de ser tratado nestes momentos? Será que todos conseguem assimilar novas idéias e procedimentos de maneira tão rápida e simples quanto seus criadores? Sei não...

**O cliente interno espera participação.** É bom poder participar para contribuir com a melhoria de um produto ou serviço, saber o quanto a empresa está perdendo ou ganhando. Todos devem ter o foco no cliente final. Todos, independente de posições hierárquicas, devem estar comprometidos com os resultados. E, para isso, é preciso estimular a participação. Mas não basta a velha e usual caixinha de sugestões, aquela que quase ninguém lê e quase ninguém usa. Será que em sua empresa não existe alguém "quietinho em algum canto" esperando apenas a oportunidade certa para dar uma grande idéia? Atos simples como responder em tempo hábil à decisão da implantação ou não de determinada idéia, retornar uma ligação, dizer "muito obrigado" e "por favor", fazem milagres.

Valorize o seu cliente interno, praticando estes toques. E dê mais um importante passo em sua trajetória de sucesso.

# O Marketing é Você quem Faz

Certa vez estive participando como conferencista de um grande congresso de recursos humanos. Aproveitei a oportunidade para acompanhar algumas palestras e acabei aprendendo muito. Aprendi, por exemplo, que hoje em dia não se demite mais. Não se deve usar a expressão: *"Você está demitido!"* Agora se diz: *"Vamos disponibilizar o seu talento ao mercado!"*

Não sei se a frase mais bonita conforta o recém-desempregado. Mas a frase que mais me chamou a atenção foi a de um colega de auditório que, ao ouvir o novo termo, pensou, remoeu, analisou e chegou à seguinte conclusão, comentando com aquele olhar de quem já não entende mais nada: "São tantas as novas tecnologias e posturas, e que hoje temos que aprender a usar, que o estresse causado é enorme. Daqui a pouco, vou é *disponibilizar a minha alma para o além,* assim quem sabe tenho um pouco de sossego!"

Disponibilidades à parte, o que mais me chama a atenção é o quanto o profissional hoje busca se destacar no meio da multidão; afinal, neste mundo competitivo vence quem consegue ser diferente. Ser diferente, normalmente, é perceber, naquilo que todo mundo vê, algo que gere novas possibilidades.

Como a grande maioria de nós não quer disponibilizar a sua alma para o além, mas sim os seus talentos à empresa, penso que uma das ferramentas que podem auxiliar é o marketing pessoal. Então, de uma forma direta e objetiva, preparei alguns pontos que podem ajudá-lo a estruturar um pequeno plano de marketing pessoal e, assim, realizar conquistas importantes para sua carreira.

Vamos a eles:

**Responda honestamente.** Toda estratégia começa pela análise de sua situação atual. Então, responda de maneira sincera: Em que rumo sua vida está? Como andam seus sonhos? Pare e pense. Você está atingindo seus objetivos profissionais e pessoais? Os dois andam juntos? É ilusão pensar que um vai bem sem o outro. Faça uma planilha listando onde você está e onde pretendia estar, em termos de carreira, aspectos financeiros, vida amorosa, conjugal e espiritual.

Esse é o início de seu projeto. Se sua análise não for verdadeira e franca o seu plano não vai dar certo.

**Crie sua própria marca.** Porém, cuidado para não exagerar. Você é um ser humano, não um produto comercial. Temos sentimentos, aspirações, sonhos, defeitos, qualidades, medo, ansiedade, uma série de atributos que fazem parte da natureza humana e exercem suas influências em nossos atos, como é o caso dos hormônios. É um grande erro pensar que o seu marketing deve ser igual ao de um produto qualquer. O primeiro ponto a considerar nesse novo desafio é o seguinte: seja autêntico. Ponto. Não queira ser João ou Maria, seja você, com seus pontos fortes, seus pontos fracos. Aprimore os seus pontos fortes, não esqueça dos fracos, mas dedique 70% de seu tempo para aprimorar os pontos fortes e 30% para os fracos. Apesar de termos a tendência de insistir naquilo que temos dificuldades para realizar. E nunca se esqueça: não existe receita para o sucesso, cada um faz o seu caminho. Na minha opinião, só existe uma única condição universal que não pode faltar para se ter sucesso: aceite-se como você é, porque ninguém muda 100%. Podemos mudar o nosso jeito de ser, a cor do cabelo, ficar mais magro ou mais gordo, mas ninguém muda 100%.

▰▰▶ **Cuidados com a qualidade.** A qualidade aqui referida tem um aspecto amplo. Qualidade de sua apresentação pessoal, principalmente nos chamados primeiros encontros. Eu sei que você pode mudar aquela primeira impressão que fica, mas a primeira é sempre a primeira. Pois é nessa hora que criamos um impacto positivo ou negativo. Aqui, a preocupação deve ser com os pontos básicos que você já conhece, tais como: roupas, higiene pessoal, postura e educação ao tratar o próximo. Apesar de serem básicos, muitos ainda esquecem esses pequenos detalhes, que fazem uma grande diferença. Qualidade com seus relacionamentos. Cuide de seu *net work*. Procure sempre agregar pessoas, seja um disseminador de informações úteis. Trate todos de maneira igual, mas procure agregar valor a seus relacionamentos pessoais e profissionais. Na empresa, faça sempre mais do que pedem. Isso não significa bajular o chefe ou fazer horas extras. Mas, pode significar entregar um relatório com uma leitura mais ágil e agradável, perguntar ao seu cliente interno se o produto ou processo está chegando da forma como ele gostaria, ou informações a mais que podem vir a ajudar. Perguntinhas simples como: – Em que posso melhorar? realizam milagres. Tenha uma postura próativa e empreendedora, seja comprometido com os resultados de sua empresa.

▰▰▶ **Aplique os seus conhecimentos.** Cientistas estimam que usamos somente 5% do que sabemos, do nosso potencial intelectual, o que é muito pouco. Você já percebeu quantas informações e conhecimentos temos, mas não usamos. Marketing pessoal dá trabalho, deve ser conquistado por pequenas e grandes ações. Deixe a preguiça de lado e participe de encontros sociais e festas de sua empresa. Integre setores e departamentos e não deixe que se crie uma ilha na sua organização. A maioria de nós sabe *o que fazer*, e o que desconhece pode aprender *como fazer*. Muitas vezes, nós não o fazemos por falta de tempo, medo do ridículo ou de pensar em aparecer demais. Aí, quando o colega é promovido, você se pergunta: – O que ele tem que eu não tenho?

▶ **Alie competência técnica com paixão.** O marketing pessoal é uma ferramenta séria. Marketing não é saber sorrir, ser carismático ou o chamado "boa-praça". O marketing, com certeza, pode lhe ajudar, mas a competência técnica é fundamental. O que você puder aprender em termos técnicos, sobre sua empresa, o seu produto e o mercado, aprenda. Quanto melhor você for tecnicamente falando, mais reconhecido será. Mas, não adianta ser muito bom tecnicamente se não gostar do que faz ou das pessoas com quem trabalha. A paixão é seu maior diferencial competitivo. Fazendo o que gosta, com mais prazer, se é mais produtivo, atinge-se mais facilmente suas metas, e o principal: tem-se muito mais chances de conquistar a felicidade. Alie o *saber fazer* com o *querer fazer*.

Agora, você já sabe um pouquinho mais sobre marketing pessoal. Que tal preparar o seu plano e começar a melhorar sua imagem e performance? Mas comece agora. Lembre-se de que só existem dois dias do ano em que nada pode ser feito: o ontem e o amanhã. O marketing tem de ser feito no presente, não deixe para depois.

Afinal, a oportunidade, como acreditam os orientais, é uma deusa careca, com cabelos só na testa e óleo na cabeça. Quando ela passa, a solução é segurar bem firme, com as duas mãos.

# Ouça o seu Coração

Especialistas e mais especialistas têm se dedicado ao estudo do nosso cérebro e importantes descobertas foram realizadas nos últimos anos. A Inteligência Emocional, já tão propagada mundialmente, nos leva a considerar nossas emoções como um fator competitivo. Qualidades como bom humor, alto astral, saber como ter autocontrole e equilíbrio são requisitos informais, mas que têm peso de ouro em processos de seleção e contratação de novos talentos, além de crescimento e ascensão profissional.

A razão, aliada à emoção, tem tudo para ser uma receita infalível para uma boa qualidade de vida e conquista do sucesso, que é o que todos procuram, mesmo sem saber o porquê e o para quê. Mas todos queremos ser pessoas de sucesso, apesar de seu conceito depender da percepção individual.

Quer mais motivos para ouvir o seu coração?

**Um coração feliz torna a pessoa mais produtiva.** A felicidade está no momento. Descubra como produzir mais momentos felizes do que infelizes, pois, quando se escolhe o comportamento, elegem-se as conseqüências. Portanto, a partir de hoje deixe o seu coração mais feliz simplesmente fazendo aos outros o que gostaria que fizessem a você. Elogie mais seus subordinados e seus familiares, abrace mais as pessoas, cumprimente-as com um sorriso amável. Tenha um interesse genuíno pelas pessoas. Dê importância às pequenas tarefas. Quanto mais gentil e amável você for com os outros, mais gentilezas você atrairá. Não seja tão prático, muito objetivo, pois assim você não vai ganhar tempo, mas sim uma úlcera.

▰ **Aumentar sua concentração e foco.** Adquira o hábito de parar 10 minutos por dia. Não é preciso mais do que isso. Em qualquer período do dia, o de sua preferência, em silêncio, feche os olhos e concentre-se em ouvir as batidas do seu coração, sentir o pulsar da vida. Procure não pensar em nada; se for muito difícil, se concentre em uma oração, em uma imagem que o motiva, momentos bons de sua vida. O cérebro não distingue imaginação de realidade, e quando temos bons pensamentos nosso corpo reage ficando com uma agradável sensação de bem-estar, com mais energia e disposição. No silêncio, sinta a temperatura do ar, o cheiro do lugar, as reações corporais. Como o seu celular, sua mente e seu corpo também precisam recarregar as baterias para um dia melhor.

▰ **Evitar mudanças drásticas desnecessárias.** Mudanças efetivas, que dão melhores resultados, são aquelas feitas de forma gradual, planejadas, sem excesso de pressão. Mudanças drásticas só devem ser feitas em último caso, quando você tiver plena certeza de que não existe outra saída. Seu coração sabe exatamente a hora certa e a forma de mudar. Ele sabe distinguir exatamente o certo do errado. Feche os olhos. Sinta seu coração. Ele é o melhor conselheiro na tomada de difíceis decisões. No livro *As Sete Leis Espirituais de Sucesso*, Deepak Chopra nos ensina que, para aprender a ouvir o coração, é preciso sentir os sentimentos que ele nos emite. Sensações como a de conforto e desconforto são emitidas, a todo momento, auxiliando na decisão final. Pergunte sempre: em que esta decisão influenciará minha carreira? Minha equipe? Os resultados da empresa, o relacionamento com os clientes e com a comunidade?

▰ **Cuidado com o chavão da inovação.** Qual o slogan que lhe parece mais apropriado? "Inove ou morra" ou "Inove e morra". A pressão por inovação, a obsessão por ser diferente, procurar um diferencial para se sobressair diante de tanta concorrência geram uma ansiedade enorme, além de altas doses de estresse. É difícil compreender por que velhas idéias, que sempre deram certo, hoje já não funcionam mais. Por que não aproveitar antigas teorias e explorar novas possibilidades? Ou ver velhos procedimentos com novos olhos?

O ideal não é trocar de marido ou esposa, mas sim mudar o comportamento em relação ao companheiro(a). A inovação consiste em olhar o que todo mundo vê, mas pensar em algo diferente. Veja o caso das chamadas bebidas *ice*. A caipirinha existe há um bom tempo. Por que então não inventaram antes a Smirnoff Ice, por exemplo? Hotéis com sistema *All Incluse* também constituem um bom exemplo de sucesso em ramos ligados ao lazer. Finalizo este ponto lembrando que a maioria das novas idéias é ruim e a maioria das velhas idéias é boa. Perceba que a taxa de mortalidade de novos produtos é bem maior do que a dos antigos.

Ouça o seu coração para evitar o estresse da inovação e para manter a humildade, pois o maior perigo do sucesso é o próprio sucesso.

**Para ter paz de espírito.** Esse é o ponto principal. Fomos ensinados a ser racionais e práticos. Analisando sempre e somente pela razão, temos um desgaste emocional muito maior. Afinal, quantas decisões você já tomou e no fundo, no fundo, você sabia que não era a mais adequada? Quando temos paz de espírito nos sentimos mais realizados, temos o sentimento de justiça. A tendência no mercado de trabalho é o aumento da competitividade, do estresse e da pressão por resultados. Com a paz de espírito estamos mais aptos a vencer os novos desafios.

Além do aprimoramento técnico, que é fundamental, comprometa-se a aprender a trabalhar e conhecer melhor os próprios sentimentos.

Faça com que aquela boa energia, entusiasmo e valorização de sentimentos e emoções, que todos manifestam, estenda-se por todos os dias. Assim, você fará do seu coração um grande parceiro de negócios, um verdadeiro aliado, que lhe dará o prazer e o pulsar da vida.

# Escreva sua História

Quem pode mudar sua vida?
A resposta é polêmica, porém, em minha concepção, somente uma pessoa pode mudar real e profundamente sua vida: você!

Mas, existe um porém: você só faz e muda se você quiser!

A maioria das pessoas, infelizmente, faz o que não gosta, não tem prazer no trabalho e carece de auto-realização.

É claro que fatores políticos, econômicos e sociais influenciam diretamente essa relação. Afinal, a história nos mostra que nosso país era uma colônia de exploração e não de povoamento. Fomos um dos últimos países do mundo a abolir a escravidão; nossa democracia é recente, somente ao final da década passada começamos a aprender um pouco mais sobre cidadania e já temos boas iniciativas, como o aumento do número de trabalhadores voluntários em causas sociais.

Mas, é bem verdade que, apesar de todos os contras, podemos, em vez de esperar, promover mais prós. Ser mais pró-ativo em relação à própria vida. O essencial não é mudar o mundo, mas sim mudar a si mesmo.

Faça da sua vida um palco, onde você é o ator principal. É preciso fazer acontecer, assumir as responsabilidades por suas decisões, estar disposto a pequenos e grandes sacrifícios para ter uma vida melhor.

E neste momento, em que nosso país passa por grandes transformações sob todos os aspectos, é preciso decidir qual rumo tomar e estar ciente de que somente você pode escrever a sua história.

Você quer ser uma pessoa que decide qual vai ser a sua história ou que se deixa conduzir pelos fatos?

▶ **Pessoas que vivem e aceitam as coisas como estão** acreditam ser vítimas do sistema e do ambiente em que vivem. A culpa é sempre do governo, do pai, da mãe, da sogra, do vizinho. Elas sentem pena de si mesmas. Na vida profissional, não são muito aptas ao risco e a novos desafios. Não se aperfeiçoam porque não acreditam no conhecimento, acham que já sabem tudo. Querem tudo em curto prazo. Normalmente, enxergam inúmeros defeitos nos outros, na empresa, no mercado, mas são péssimas para dar novas sugestões ou promover projetos de mudança. Afinal, é fácil ser sábio no discurso. Quando conhecem alguém que tem um pouco mais de sucesso do que elas, fazem questão de dizer que foi sorte, "o fulano tinha algum padrinho"... Para elas, as coisas são mais complicadas. Têm dó de si mesmas, sentem-se incompreendidas. Adoram programas sensacionalistas porque lá encontram pessoas que acreditam serem piores do que elas. O que, na verdade, não passa de ilusão. Elas são iguais.

▶ **Pessoas que vivem, mas modificam ou criam um novo ambiente onde vivem** são as verdadeiras agentes de mudança. Não têm preguiça para nada, muitas atuam como voluntárias em algo que lhes dê realização pessoal, participam ativamente na comunidade, seja na igreja, independentemente de religião, na escola ou na associação de moradores. Estão sempre prontas para um novo desafio, participam de eventos, cursos, procuram o aperfeiçoamento. Acreditam piamente que somente através da educação e justiça social podem viver em um país melhor. Organizam passeatas contra a violência, participam das campanhas contra a fome, torcem pelo seu semelhante. Nas empresas, independentemente de cargo, sempre oferecem algo a mais. São as primeiras a participarem em novos projetos ou programas como o de Qualidade Total, entendem que o mundo mudou e que é preciso experimentar o novo, para, aí sim, criticar e promover novas mudanças. Pensam e planejam em longo prazo.

Como exemplo, cito a cidade de Petrolina, na região do Vale do São Francisco, no sertão pernambucano, uma cidade que tinha tudo para ser apenas mais uma daquelas que ficam à mercê da ajuda governamental. Mas, na caatinga, plantam as melhores frutas do mundo: manga, caju, goiaba e, é claro, a famosa uva sem semente, além de vinhos premiados mundialmente pela sua qualidade.

Mas essa conquista não foi fácil. Exigiu muito trabalho, estudo, aplicação de novas tecnologias, viagens, visitas a outros países e adequação a normas exigidas por clientes internacionais, principalmente o mercado americano. Enfim, fizeram acontecer no meio do sertão.

Exemplos é que não faltam por esse Brasil afora, onde pessoas, cidades, organizações sem fins lucrativos, ONG's ou empresas fazem acontecer.

As pessoas que pretendem escrever suas próprias histórias têm muito que fazer. Com certeza, essas pessoas não são aquelas que, em vez de tentar se aperfeiçoar, assistem àqueles programas com brigas conjugais, traições e crianças abandonadas e expostas, onde a linguagem é de baixo calão e a cultura não tem espaço.

Afinal, para quem tem uma história para escrever, isso não ajuda no roteiro. Para esses, há sempre muito o que aprender; e fazendo da atitude a caneta e da perseverança o papel, haverá muito o que escrever.

# Tempo é Vida

Qual é o problema mais citado pelos profissionais do mercado, independentemente de cargo, função ou atividade empresarial?

Juros altos, competitividade e concorrência acirrada, clientes exigentes ou atração e retenção de talentos?

Caso você tenha escolhido alguns dos itens acima, sinto muito, mas você não só errou, como passou longe do item principal.

Com certeza, os temas acima são citados por sua grande relevância, mas, em minhas palestras, sempre que faço essa mesma pergunta, o campeão disparado é ele: a falta de tempo!

O tempo é considerado hoje o mais caro e escasso dos recursos e ainda existe o agrave de não se poder recuperá-lo. Passados aqueles momentos especiais, como em um quarto de hotel, na poltrona do avião, aquele certo dia ou hora, um abraço, foram-se, não voltam mais...

A questão é sempre a mesma. Como aproveitar melhor o tempo, de forma mais racional e metódica?

Eu gostaria de abordar a questão do tempo sob uma outra ótica, algo que passa despercebido em nosso dia-a-dia, quando estamos em busca de uma "maior" produtividade.

Algumas questões que o próprio tempo me ensinou:

### Ser rápido não significa ser mal-educado. Todos queremos racionalizar o nosso tempo: dividimos nossas tarefas em categorias como *urgentes, importantes, rotineiras* e ainda procuramos deixar um espacinho para as *extremamente urgentes*.

O *extremamente urgente* é aquilo que o seu chefe lhe pede com aquela cara meio desesperada e você faz a fatídica pergunta: "É pra quando, chefe?" Como se não soubesse a resposta: "É pra ontem!."

Aliás, tudo hoje em dia é para ontem. O problema é que estamos com tanta pressa que esquecemos o básico de uma relação gentil e cordial no ambiente de trabalho. Tive um chefe que, pela manhã, ele não dizia "Bom-dia!"; ele dizia somente "Diaaaa...", de cabeça baixa e andando rápido como um boi bravo. O ambiente de trabalho era horrível: cada vez que ele chamava alguém, a pessoa já ia tremendo e preparada para acompanhar o ritmo de sua voz. Sim, ele também acreditava que falando mais rápido ganharia mais tempo. Fico pasmo quando leio sobre reuniões feitas em pé, lanches rápidos na hora do almoço, e-mails que vão direto ao assunto, sem ao menos cumprimento com um simples "Tudo bem?". O pior é que, se há ganho de tempo com atitudes assim, também há uma enorme perda no marketing pessoal. Afinal, quem gosta de entrar na sala do colega e ficar em pé o tempo todo, receber e-mails ríspidos, mal escritos e sem cordialidade? Isso definitivamente não aumenta a produtividade, mas com certeza o estresse.

### Alta produtividade é diferente de rapidez. O grande desafio dos profissionais da era do conhecimento é aliar alta qualidade a alta produtividade. Mas, nessa confusão de conceitos, muitos acreditam que produtividade é ser cada vez mais rápido. E assim muitos parecem robozinhos organizacionais. Verdadeiras máquinas humanas **da vida corporativa moderna.**

Ser rápido tem sua importância, mas também faz com que diminua nossa sensibilidade e visão da atividade ou negócio. Com o mundo em constante transformação, é preciso enxergar um pouco mais longe. A rapidez, principalmente em atividades rotineiras, inibe a criatividade e, com o passar do tempo, vira ponto comum. Pergunte a qualquer funcionário da empresa: "Por que você executa essa tarefa dessa maneira?". A maioria responderá: "Porque sempre foi assim." Mas o porquê de se fazer daquele modo poucos sabem.

Para piorar, começa a preocupação com a resistência a mudanças, e pede-se inovação na postura profissional. Mas, como inovar fazendo o que sempre foi feito sem saber o porquê? Por vezes, é preciso ser lento para aprimorar, enxergar e, assim, descobrir novas e melhores maneiras de executar uma determinada atividade ou produto.

**Inteligente é quem aprende com os próprios erros; sábio é quem aprende com os erros dos outros.** Vivemos reinventando a roda. Poucos são humildes para aceitar e colocar em prática um conselho, ou procurar alguém que tenha mais conhecimento e experiência. Queremos provar nossas próprias teses, errar com as próprias idéias. É o que eu chamo da **síndrome do recém-formado**. O termo serve para quem também, há muito, conquistou seu diploma. Especialmente pessoas mais bem preparadas, e academicamente bem formadas, adoram reinventar o que já existe. Quer ganhar tempo de forma sábia e criativa? Pesquise e descubra quem já fez. Assim, além do conhecimento que vai obter, pode prosseguir em novas etapas e experimentos. Perguntar não custa nada; é hora de perder o medo de parecer pouco inteligente, astuto ou esperto. Deixe que os resultados falem por você. Mantenha um relacionamento de respeito e admiração pelos funcionários mais velhos. Eles já passaram por diversas crises, conhecem como ninguém a cultura da empresa e, se estão lá por 10, 15 ou 20 anos, não é à toa. Conquiste os profissionais mais experientes, valorizando seu conhecimento e suas histórias de vida.

▰▰▰ **Quem tem pressa come quente e cru.** Na ansiedade para ganhar tempo, acabamos fazendo pela metade, ou mal feito, ou ainda quando fazemos bem feito celebramos pouco, prontos para novos desafios. Na conquista, é preciso aprender a saborear sua realização. Pare um pouco para curtir o momento, relembrar as etapas, os obstáculos vencidos, o que aprendeu ou o que poderia ter feito melhor. O bom *gourmet* é aquele que sabe apreciar o prato desde a decoração, os utensílios empregados, o ambiente à sua volta, até chegar ao sabor do alimento.

Hoje, temos uma carga horária pesada e a tendência não é diminuir. Por isso, ganhe tempo de uma forma diferente; perceba e dê mais atenção aos sonhos de sua equipe, como ajudar o seu chefe a resolver os problemas, dê ao cliente algo a mais do que ele espera e não assuma um cargo já pensando no outro. Não estou dizendo para não ser ambicioso, a ambição é algo positivo; feio é ser ganancioso. Estou afirmando que, quanto mais focado e concentrado você está no seu cargo atual, maiores são as chances de bons resultados e de ascensão profissional. Ocupe-se com o presente, respeite e aprenda com o passado, vislumbre o futuro, mas viva no presente.

▰▰▰ **Tempo não é dinheiro; tempo é vida.** A máxima "*tempo é dinheiro*" moveu e ainda move gerações por um futuro melhor. Quem nunca ouviu alguém dizer "correr agora, para descansar depois"? O problema está "no depois" ou "no depois" que nunca chega. Temos que aprender a ter tempo para tudo. Para trabalhar, descansar, para o lazer e a família.

Quer uma dica prática para você começar a utilizar melhor o recurso tempo, de maneira mais saudável e eficaz? **Troque sempre a palavra tempo pela palavra vida.** Quando o seu filho lhe chamar para brincar e você disser: "Meu filho, eu não tenho **tempo!**", pare e pense: "Meu filho, eu não tenho **vida!**"

O tempo passa rápido demais. Valorize-o, porque "o depois" não existe. O uso adequado do seu tempo vai se reverter em conquistas e vitórias. Na Bíblia Sagrada, em Eclesiastes tem um versículo que assim diz:

"Tudo tem ocasião própria, e há tempo para todo propósito debaixo dos céus;

Há tempo de nascer e tempo de morrer;

Tempo de plantar e tempo de colher o que se plantou."

Tudo o que tiver de ser seu, a seu tempo será. Pode acreditar.

# Sem Medo de Ser Feliz

O que move o empreendedor e seus talentos?

Criação de riquezas? Realização de sonhos? Necessidades econômicas? Influências do meio em que se vive?

Todas as respostas acima estão corretas e você ainda pode destacar muitos outros fatores.

Mas, o principal motivo é a paixão por uma idéia, por uma atividade que leve à realização plena.

**O que move realmente o empreendedor e seus talentos é não ter medo de ser feliz!!!**

Sim. O medo é a maior barreira para a realização e para o sucesso. Gera inação, inibe o talento, faz com que novas idéias fiquem só no papel.

Sucesso pessoal e psicologia andam de mãos dadas.

Talvez, em vez de fazer um MBA, seria mais proveitoso fazer pelo menos um ano de bate-papo com um bom analista.

A origem deste artigo está nos porquês.

Por que sei o que fazer, mas não faço?

Todos temos soluções para os problemas dos outros. Todos queremos ir para o céu, mas alguém aí quer morrer?

É incrível a quantidade de pessoas talentosas que conhecemos, mas que estão ora desempregadas, desmotivadas, sem futuro profissional porque têm medo de mudar, de enfrentar o novo.

Seu talento somente será descoberto, aflorado, a partir do momento em que você descobrir e enfrentar seus medos.

Empreender é um contexto amplo. Empreendedorismo não é sinônimo de negócio próprio, mas pode ser percebido como a capacidade de gerir o próprio destino, onde somente você é o responsável por suas atitudes.

Pessoas talentosas, percebam, não são muito diferentes de você. Renato Russo foi um músico fantástico, sensacional, mas um péssimo zagueiro. Pelé não dever ser um bom violinista e o padre Marcelo não me parece ter um grande futuro como físico nuclear. Eles, com certeza, são ótimos em outras atividades, mas o talento está em ser excepcional em algo que se faz.

Alguém pode dizer que o talento tem auto-estima elevada. Sim, acredite em si mesmo, tenha autoconfiança, ponha fé em seu taco, mas lembre-se de que a segunda etapa talvez seja um pouco mais difícil, pois **é preciso fazer com que os outros acreditem em você**, percebam e reconheçam o seu valor. Sem isso, sua promoção não virá ou sua empresa não terá clientes, parceiros e colaboradores suficientes para sustentar o seu negócio.

Mas, antes de qualquer coisa, lembre-se de que você é um ser humano, não um produto. Por isso, não gosto da terminologia Você S.A., afinal você não é uma empresa, uma marca; é um ser humano, com sentimentos e limitações. Existe a ordem natural da vida e a eternidade não é uma boa idéia.

Mas sua carreira, não! Sua carreira deve ser tratada como um produto, que, com uma boa estratégia, pode ser um grande sucesso. Pobre de quem não consegue diferenciar carreira profissional da vida pessoal. **A carreira faz parte de sua vida, mas sua vida não pode ser sua carreira.** Não vale a pena, o risco é grande e o resultado final poder ser desastroso.

Porém, você precisa sobreviver e, já que é preciso jogar esse jogo, faça-o da melhor maneira!

O talento consiste em fazer algo de forma diferente, sendo ao mesmo tempo eficiente e percebido como algo que gere valor.

Diferente não é só lançar um novo produto ou serviço, mas, principalmente, olhar para o que já existe e formular um novo contexto.

O que há de diferente no suco de laranja natural ou no suco concentrado na caixinha *longa vida*?

Ford foi o precursor da fabricação em massa do automóvel, mas foi Alfred Sloan da GM que lançou carros com cores e modelos diferentes. *Hamburgueres* existem há tempos, mas foi o McDonald's que lançou o conceito de *fast food*, lojas limpas, que dão maior confiabilidade na procedência da matéria-prima, proporcionando um ambiente onde se tem prazer de comer. E mais, trataram de se comunicar e despertar o interesse de quem realmente quer ir ao McDonald's: o seu filho.

Quando eu ainda era garoto, adorava acompanhar meu pai até a barbearia. Era um ambiente onde predominava o papo sobre futebol, política, enfim "assuntos de homem". Onde estão os barbeiros? Espécies em extinção, pois a Gillette, nos últimos tempos, nos presenteou com aparelhos mais apropriados e práticos, tornando o ato de se barbear algo que se faz em casa. Reparem que o preço dos aparelhos sobe a cada lançamento: o Mach 3 não tem nada de barato!

E onde estão os grandes cinemas? Hoje em dia, existem salas de cinemas mais aconchegantes, que, apesar de terem menos poltronas disponíveis, são adequadas à nova demanda.

Agora, pense no risco e no medo que esses empreendedores tiveram ao lançar suas idéias. Caso o mercado não comprasse carros vermelhos e azuis, Alfred Sloan teria perdido seu emprego rapidinho, assim como o McDonald's e outros negócios já não existiriam mais.

Empreender, ser diferente, ser um talento consiste em ver o que todo mundo vê de uma forma diferente. É não ter medo de se arriscar.

É realizar pequenos atos, não ficar somente à procura de uma grande idéia. É gerir relacionamentos e não somente pessoas. O talento cria oportunidades, gerencia sua rede de contatos. Carisma ajuda, mas uma boa educação pode ser aprendida; saber ouvir é questão de mudar hábitos e alto grau acadêmico não deve ser confundido com arrogância.

O alto apetite ao risco é tão prejudicial quanto o medo de arriscar-se. Viver é um grande risco. Na nova economia, as palavras segurança e estabilidade estão extintas do dicionário. **Não temer e saber quanto e quando correr o risco são os grandes desafios que envolvem a ascensão de sua carreira.**

O talento lidera pelo exemplo, deixa claro seus valores e tem ética inquestionável. É capaz de promover o trabalho em equipe, com cooperação, pois sabe que o verdadeiro poder está em compartilhar e não em reter a informação e o conhecimento.

Descobrir e vencer seus medos é a primeira etapa para uma carreira e vida de sucesso.

O verdadeiro talento descobriu, antes dos outros, o que fazia de melhor e não teve medo de ser feliz. Agora é a sua hora de ser um deles.

# Pessoas Comuns, Resultados Extraordinários

A mídia, há algum tempo, exalta celebridades do mundo corporativo. Afinal, quem nunca ouviu falar de Jack Welch, Bill Gates, Sam Walton ou brasileiros como Washington Olivetto e Ricardo Semler?

Símbolos de sucesso e realização profissional, o que nem sempre significa que essas pessoas têm uma vida pessoal feliz e equilibrada.

Mas, de qualquer forma, esses símbolos têm valor, são inspirações para muitos e batalharam bastante para chegar onde estão e conquistar o topo.

Mas, e você? As pessoas que hoje têm uma situação parecida com a sua podem também almejar o sucesso? As dificuldades do dia-a-dia podem ser desculpas para a apatia, o desânimo ou a falta de ação?

Creio que não.

Personagens, como os que serão apresentados a seguir, são pessoas comuns, mas que com muita fé, autoconfiança, competência técnica e entusiasmo têm conquistado resultados extraordinários. Leia os relatos, inspire-se e escreva sua própria história.

## 1. Palhaçadas que Geram Resultados.

"Piá, Sai da Rua." Esse é o nome do projeto que os palhaços Siricotico e Cebola, ou Renato Nadalini, 28 anos, e Isabele Pereira, 36, conduzem em Curitiba, para tirar crianças carentes da rua, afastá-las das drogas e da prostituição, procurando dar a elas um futuro melhor. No projeto "Piá, Sai da Rua", que começou em 2002, são realizadas oficinas recreativas de habilidades circenses.

Nele, as crianças freqüentam uma semana de oficina, criam seus próprios espetáculos, resgatam a criatividade e, principalmente, a auto-estima, pois muitas delas sofreram algum tipo de violência em casa ou na comunidade.

Com a continuidade do projeto, foi desenvolvido um curso de extensão onde, durante três meses, cerca de 37 crianças aperfeiçoaram suas técnicas de malabarismo, acrobacia, equilíbrio na perna de pau e atuação no teatro. Hoje, algumas delas fazem até testes para filmes e peças teatrais.

O projeto atingiu mais de três mil crianças, alguns filhos de traficantes de drogas, os quais, pasmem, deixaram de traficar por influência dos filhos. É uma vida dura, muitas vezes sem patrocínio ou condições ideais de trabalho. Isabele conta, emocionada, que certa vez sobrou uma pequena verba do projeto e ela perguntou às crianças o que elas gostariam de ganhar de presente – certa de que as respostas seriam roupas ou brinquedos, mas ficou espantada com a escolha: elas queriam comida!

Infelizmente, hoje estão sem patrocínio, mas Siricotico e Cebola não desistem; atuam como voluntários em algumas comunidades e o sentimento que os move é a transformação que conseguem na vida desses jovens. Afinal, como os palhaços voluntários mesmos dizem, "não há dinheiro no mundo que pague o sorriso de uma criança".

## 2. Cursinho em Ação

Ensino gratuito, mas com qualidade. Com esse lema, um pequeno grupo de alunos da Universidade Federal do Paraná criou, em 2000, o cursinho "Em Ação", o qual tem como objetivo disponibilizar uma melhor preparação para o vestibular aos alunos carentes. No primeiro ano, foram cerca de 120 alunos participantes, sendo que, no vestibular de 2002, cerca de 20% dos alunos foram aprovados e um deles foi o primeiro colocado no curso de Matemática na UFPR.

A iniciativa teve tanto sucesso que, para o ano de 2003, foi preciso realizar um pequeno vestibular para seleção de alunos: cerca de 2.100 candidatos disputaram as 200 vagas ofertadas pelo cursinho.

Os professores são alunos e ex-alunos da UFPR, que, de forma voluntária, dedicam o seu sábado e domingo, com aulas preparatórias para os vestibulandos que devem comprovar não ter condições de freqüentar um cursinho particular. Muitas são as histórias comoventes, como a de uma empregada doméstica que hoje cursa Letras na mesma universidade.

Nesse arsenal de solidariedade, já encontramos advogados, pedagogos, administradores, assistentes sociais, entre outros profissionais colaborando efetivamente com o cursinho.

Por incrível que pareça, a grande maioria deles é constituída de jovens, os quais não se importam em perder as baladas de sexta e sábado para se dedicarem ao cursinho, promovendo um futuro melhor para nosso país.

## 3. O Melhor Lambari do Mundo

Piraju é um pequeno município do interior de São Paulo, onde o rio Paranapanema corta a cidade com suas belezas naturais. Recentemente, ganhou o *status* de estância turística. O Sr. Waldemar é um aposentado que adora pescar e notou que, na beira do rio, mais precisamente na ponte Cerqueira, não havia uma lanchonete para atender aos pescadores e suas famílias. Idéia na cabeça e pouco dinheiro no bolso, lá se foi *Seu* Waldemar construir um pequeno *trailler* com suas próprias mãos. No início, ele e sua esposa só iam nos finais de semana, com sua Brasília ano 80 abarrotada de comes e bebes.

Mas, com muita luta, fechou um contrato de concessão de área com o proprietário das terras e, aos poucos, praticamente sozinho, foi construindo sua lanchonete. O lambari frito virou referência. As famílias que vão pescar acabam saboreando seus lambaris ali mesmo, na lanchonete do Bay, como é mais conhecida.

Hoje, a lanchonete tem *playground*, churrasqueiras, banheiros, luz e chuveiro elétrico, mas o forte é o atendimento: clientes ligam de São Paulo e outras cidades para se informarem com o *Seu* Waldemar se o tempo está bom ou se o rio está para peixe. Infelizmente, *Seu* Waldemar foi chamado aos céus recentemente, mas sua filha, Ana Paula, mantém o padrão de excelência na beira do rio. Afinal, como bom administrador, ele preparou sucessores. Nos feriados, se comparado a franquias de *fast food*, o Bar do Bay já ganhou, em movimento, de muita lanchonete famosa.

O lambari é feito de maneira especial, sempre crocante e sequinho, e já ouvi relatos de que a batata frita servida lá é melhor, ou pelo menos parecida, com as famosas batatas do McDonald's.

Enfim, à beira do rio, onde só havia mato, encontra-se um empreendimento de sucesso.

Como vimos, todas as histórias acima têm um ponto em comum: pessoas simples que fazem algo diferente na vida, tornando-a especial. Pessoas que evitam falar em crises, não ficam reclamando e que aliam a paixão em servir à vontade de conquistar resultados. E isso faz a diferença...

# Venda Suas Idéias

Responda rápido sem pensar: Você é um vendedor?

Sim, você é um vendedor. Não importa o que você faz ou em que área atua.

Todos vendemos uma imagem, nossa dedicação e comprometimento para alguma empresa ou uma promessa de amor eterno ao ser amado.

Quantas oportunidades na carreira você já perdeu por medo de expor e vender suas idéias?

Sabe aquela situação: "se eu tivesse falado isso antes...", pois é, ela alavanca ou enterra carreiras todos os dias.

Portanto, chegou a hora de ficar atento às dicas de como vender suas idéias e, assim, dar um novo salto em sua carreira.

**Medo e coragem são farinha do mesmo saco.** A inibição e o medo do ridículo, da exposição, fazem com que os outros não percebam todo o seu potencial e com que você perca o "timing" de uma boa oportunidade. Para vencer o medo, a melhor receita não é fugir ou protelar o confronto. Analise o seu medo, escreva no papel o que o incomoda nesta situação, quais pontos te angustiam ou causam ansiedade. Enfim, disseque o medo. Descubra onde está o bloqueio e tome uma dose de coragem para enfrentá-lo, afinal a coragem está dentro de você. Treine situações de menor risco, mas que sejam proporcionais ao medo que sente na empresa. Tem medo de se expor naquela reunião semanal?

Então participe de algum trabalho voluntário e comece a se expor mais nesses encontros! Para que você possa assimilar melhor essa dica, lembre-se da história do caçador que tinha dois cachorros. Um chamava-se Medo e o outro, Coragem. Um dia, os dois brigaram. Quem venceu a luta? Aquele que o caçador alimentou mais.

**▶ Acreditar em si mesmo é fundamental. Mas, não é o bastante.** A equipe deve acreditar em você. As lideranças da empresa devem confiar no seu taco e a auto-estima deve ser coletiva; esse é o diferencial. Como fazer isto? Promova e eleve a auto-estima em seu local de trabalho. E o melhor é que não é preciso ter nenhum cargo de liderança para isso. Elogie um trabalho bem-feito, uma apresentação ou argumento bem colocado. Ouça com atenção, lembre-se de que é preciso ouvir para ser escutado. Assim, quando você colocar e vender as suas idéias, todos já têm uma simpatia grande por sua pessoa. Você terá uma torcida a favor antes mesmo de começar o jogo.

**▶ O sucesso é determinado pela relação Visão x Ação.** No processo de venda de sua idéia, não se esqueça de que, no final da exposição, normalmente, surge a pergunta: "Mas como vamos implementar isso?". Exposta a visão, agora é hora de promover e planejar a ação. Portanto, é necessário que você tenha alguns trunfos na manga de como tornar a idéia uma realidade. Uma dica importante: não traga todo o plano pronto. Deixe espaço para discussões e para idéias de pessoas que irão participar do processo. Troque a postura *"eu sei tudo"* pela *"em que posso ajudar?"*. Tenha consciência de que nada se faz sozinho e uma boa estratégia é comprometer a equipe com os resultados, mas para isso é preciso que todos se sintam ativos e donos do processo.

**▶ Começar certo é ótimo, mas o importante é começar.** Pegue o dicionário mais próximo. Agora, risque as palavras segurança e estabilidade. Pense que, de agora em diante, elas já não existem mais, pelos menos no ambiente empresarial. Convença a sua empresa de que o risco da inação é muito maior do que o da ação. É lógico que temos que correr riscos calculados, ou seja, avaliar alternativas, agir para reduzir erros e monitorar, freqüentemente, resultados. Mas, temos que impor novos desafios. Um desafio só pode ser considerado um desafio de verdade quando existe a **possibilidade de fracasso**. Na venda de sua idéia, é importante notar se ela trará um clima de inovação e superação ao ambiente. Este é um ponto que não deve ser esquecido; aliás, deve ser bastante valorizado.

▰ **Use sua persuasão e rede de contatos.** Faça um pequeno "teste *drive*" com sua idéia. Que tal apresentá-la a pessoas de sua confiança: seus amigos da universidade, da pós-graduação, que atuam em uma atividade similar à sua? Essas conversas serão ótimas oportunidades para aprimorar e revitalizar sua sugestão, e você ainda poderá enfrentar situações de questionamento ou críticas que vão ajudá-lo a dar um rumo mais certeiro à sua iniciativa. Feito isso, comece a persuadir, de maneira positiva, pessoas-chaves, que serão importantes no processo de implementação. **O fundamental não é gerir as pessoas, mas sim os relacionamentos que existem entre as pessoas**. Analisar como está o relacionamento entre setores da empresa, perfil e estilo pessoal de cada liderança e, depois sim, dar um atendimento especial a cada cliente interno.

▰ **Persistência, comprometimento e entusiasmo são como canja de galinha: não fazem mal a ninguém.** Vender uma idéia, às vezes, é mais difícil do que vender um produto ou serviço qualquer. Não se sinta derrotado se, ao final de sua exposição, você não receber aplausos e tapinhas nas costas. O ser humano não gosta de mudanças e de sair da sua área de conforto. Muitas pessoas de sucesso precisaram persistir e vencer muitos obstáculos antes do reconhecimento. Por isso, comprometa-se com a sua idéia, acredite na sua intuição e exponha suas idéias com entusiasmo, pois o entusiasmo é contagiante. Aja diante das adversidades, perceba quando é preciso mudar a estratégia, busque informações, investigue pessoalmente com fornecedores, concorrentes, consulte especialistas e estabeleça metas que tenham um significado pessoal, além de estipular resultados de curto, médio e longo prazos.

E, como um bom profissional de vendas, entenda, de uma vez por todas, que clientes são pessoas diferentes, em momentos diferentes, com motivações e interesses diferentes.

Iniciativa e proatividade são competências sempres citadas em profissionais de alta performace. Você precisa tirar algumas surpresinhas da cartola que irão contribuir com os resultados da empresa e com o sucesso de sua carreira. Assim, logo, logo você irá descobrir o grande campeão de vendas de idéias que existe dentro de você.

É apostar, fazer e conferir.

# LIDERE PELO EXEMPLO

O que pessoas como Comandante Rolim Amaro, Irmã Dulce, Betinho ou Jesus Cristo têm em comum? Capacidade de realização? Formação acadêmica? Visão e foco? Por que esses líderes de diferentes setores, promovedores de ações e mobilizações diferentes, fizeram história?

O segredo é uma técnica simples, até óbvia, mas que pode ajudar muito na sua carreira e vida.

Relevo o segredo: eles lideravam pelo exemplo.

Muitos presenciaram o falecido Comandante Rolim recebendo passageiros, ao lado do famoso tapete vermelho, ou servindo a clientes, junto com as comissárias de um vôo. Irmã Dulce não hesitava em ajudar um doente e, muitas vezes, foi pessoalmente pedir doações para ajudar na construção de suas obras. Pense em Betinho, que, pessoalmente, foi buscar quilos e mais quilos de alimentos na casa de doadores. E acima de tudo, Cristo que, em lição de humildade e amor ao próximo, lavou os pés de seus apóstolos.

Baseando-se nessas pessoas e ações, melhore a sua performance como líder. Fique atento às dicas de como conquistar o comprometimento e o respeito de seus colaboradores.

**Mais ação, menos palavras.** A frase "faça o que digo, não faça o que faço" não é adequada para o meio empresarial.

Um dos maiores fatores de desmotivação da equipe é justamente uma liderança que prega, mas não faz. Destaca a importância da qualidade, pontualidade, foco no resultado, mas não aplica tais fatores, somente os cobra dos outros.

Na década de 90, a cada dez programas de Qualidade Total iniciados nas empresas, seis deles não apresentaram os resultados esperados ou, simplesmente, não deram certo. O principal motivo foi a falta de comprometimento da alta administração. Preocupados com o discurso, com melhorias em curto prazo, somente à base da imposição de metas e pressão por resultados, esses pseudolíderes, com orgulho, mostram aos visitantes o belo quadro com a política da qualidade estampada na recepção da empresa. Mas o fracasso é inevitável se a política se sustenta somente com uma aparência superficial e palavras bonitas.

**Mudanças só são efetivas quando as lideranças dão o exemplo.** A palavra "mudança" é o maior chavão do momento. É claro que precisamos mudar nossas atitudes frente aos novos tempos, mas, para isso, o líder não deve se esquecer de que sua equipe é o reflexo do seu comportamento e de suas ações. É simples assim: líderes acessíveis recebem mais idéias e sugestões de seus subordinados, criam um ambiente agradável, enfrentam desafios e não deixam os conflitos ficarem à mercê do sabor dos ventos. Líderes mal-humorados e cheios de razão, por sua vez, afastam as boas idéias, criam inconscientemente boicotadores, ávidos por tropeços do chefe para depois dizerem na *Rádio Peão*: "Eu sabia que ia dar errado!"

Portanto, a mudança, para ser efetiva, deve começar pela liderança. Mostre que é possível, que todos podem fazer, que é viável. Dar o exemplo não é sinônimo de fraqueza, além de que é no campo de batalha que se conhece verdadeiramente o inimigo, seus pontos fortes e fracos, onde e com quem fazer alianças. A sua equipe só muda quando todos estiverem plenamente convencidos de que a liderança também mudou.

**Paixão em Servir.** Quanto mais alto você está na hierarquia, maior deve ser a preocupação em servir aos colaboradores da empresa. Ter humildade e estar sempre com as portas abertas são características que fazem parte da biografia de grandes líderes. Disposição em ouvir, interesse genuíno nos problemas dos outros, geram confiança na equipe, fazendo com que todos percebam que fazem parte de uma comunidade, a qual realmente se importa com você. O líder deve somar, integrar e sempre desenvolver as pessoas que estão à sua volta.

**Descentralize, acompanhe e celebre.** Delegar não significa gerar anarquia, nem somente verificar os resultados no fim do processo, quando já pode ser tarde. Há chefe que pensa que somente ele pode fazer tudo bem-feito, que distribuir funções é correr um risco desnecessário, podendo perder seu poder ou até sua posição. Um dos maiores problemas das lideranças de hoje é não saber delegar; aqueles que detêm o "poder", em sua grande maioria, são extremamente centralizadores.

É preciso entender que delegar é confiar ao outro uma determinada tarefa, mas antes é preciso saber se a pessoa tem a competência necessária para realizar tal função. Todos precisamos de um tempo para adaptação, para aprimorar a nova atividade. O líder deve acompanhar as atividades descentralizadas, sugerindo, orientando, elogiando e corrigindo quando necessário. Seja *couch*, aprimorando a sua capacidade de desenvolver pessoas. O *couch*, atualmente, é valorizadíssimo nas empresas. Então, sempre que os resultados forem atingidos, celebre! Comemore! Nós, seres humanos, gostamos de rituais; nem que seja um simples *happy hour*, faça-o e valorize a vitória! Além dessa importante valorização, lembre-se de que momentos de celebração melhoram a comunicação, estreitam os laços de relacionamento entre a equipe e aumentam a auto-estima de todos.

**Inspiração e credibilidade.** O líder genuíno é aquele que inspira e dá liberdade de criação para a equipe. Sabe que o erro é uma etapa para o sucesso. Conhece a fundo a empresa, seus produtos, processos e redes de relacionamento, orienta e conduz com energia a equipe em momentos de crise, sabe diferenciar os envolvidos dos comprometidos, procura descobrir o que motiva cada colaborador de sua equipe de trabalho e sabe que os melhores resultados só virão se o colaborador estiver de corpo, mente e alma na empresa. Além disso, tem consciência de que credibilidade é algo a ser conquistado pelo respeito, pelos pequenos atos que fazem a diferença.

Então, aposte em novas idéias, crie um ambiente onde as pessoas sonham em trabalhar, transforme pessoas comuns em grandes talentos, descobrindo o que cada um faz de melhor.

E lembre-se que liderar pelo exemplo exige disciplina. Você deve estar atento à ética e à cidadania, pois quem lidera sempre influencia a carreira de seus colaboradores. Crie uma influência positiva, seja o exemplo para uma nova geração que tem desafios ainda maiores do que os atuais, pois terão de lidar com novas questões, como a ecologia e a responsabilidade social. Agora é hora de preparar profissionais para um país melhor. Esse deve ser o legado de qualquer líder e (por que não?) um dos maiores desafios corporativos deste início de século.

# Verdades que o Mundo Conta

Na sabedoria popular, encontramos sábias frases que, se aplicadas em nosso cotidiano, nos levam a resultados surpreendentes. A vida é nossa maior professora e vivemos recebendo grandes lições, que nos auxiliam a atravessar as boas e as más etapas de nossa jornada.

Dizem que sábio não é aprender com os próprios erros, mas sim com os erros dos outros. Que tal aplicarmos alguns destes conceitos que a vida nos ensina?! Vamos a eles.

**Você é o responsável pela sua vida.** Não perca mais tempo procurando os responsáveis por sua atual situação. Os outros são meros coadjuvantes na sua história. Entenda que você é o maior responsável pela sua vida. Comece a trabalhar sua autopercepção, a notar as suas decisões, principalmente as pequenas e esteja consciente dos rumos que toma. Pergunte-se sempre como esta decisão influenciará a sua vida e as pessoas ao seu redor. Será que não estou me deixando levar demais pelas opiniões dos outros, tomando caminhos que não são os que devo tomar? Pense nisso.

**Escolhendo o comportamento, elejo as conseqüências.** Eis aqui a velha e boa lei da física: para toda ação, existe uma reação. Sua maior missão na vida não é mudar o mundo: é mudar a si mesmo. Seja cordial e educado com os outros porque a tendência é que o outro lhe retribua o mesmo carinho. Caso você perceba que os outros não lhe tratam como você acredita que deveriam, faça uma autocrítica séria em relação ao seu comportamento. Perceba como você está tratando colegas de trabalho, amigos e familiares. Aliás, quer começar a mudar de verdade? Então comece em casa. Que tal mudar o comportamento com marido, esposa e filhos? Um coração feliz torna a vida mais fácil.

▶ **Para cada idéia, um acontecimento fisiológico.** Esta é ótima. Já aconteceu de, no meio da noite, você ter uma grande idéia ou solução para um determinado problema e não conseguir mais dormir direito, louco de vontade de ir trabalhar para implantar a tal idéia? Pois é, o cérebro é assim. Seus pensamentos o levam a determinadas atitudes. Por isso, foque o positivo, seja mais otimista, tenha pensamentos proativos, evite julgar os outros e pensar mal do próximo. Faça esta experiência. Durante uma semana, procure somente ter bons pensamentos, e, quando tiver algum problema, comece a pensar naqueles que você resolveu de forma satisfatória, relembre suas conquistas, busque e aumente sua força interior.

▶ **A vida recompensa a ação.** Vence quem age, quem faz mais, porém de forma inteligente. Tenha sempre o foco nos resultados. Trabalhar muito não significa ser uma pessoa bem-sucedida. A grande maioria das pessoas trabalha muito, porém com poucas conquistas. Foque seus objetivos, trace atividades, um plano de ação, e seja fiel a ele. Faça correções quando necessário, mude o rumo, mas fique firme em seus propósitos. Persista, nada acontece de forma rápida. É preciso motivação. Faça acontecer, supere seus limites. Você é o maior responsável pela sua vida!

# O Trem

(Autor desconhecido)

A vida não passa de uma viagem de trem, cheia de embarques e desembarques, alguns acidentes, surpresas agradáveis em alguns embarques e grandes tristezas em outros. Quando nascemos, entramos nesse trem e nos deparamos com algumas pessoas que, julgamos, estarão sempre nessa viagem conosco: nossos pais. Infelizmente, isso não é verdade: em alguma estação eles descerão e nos deixarão órfãos de seu carinho, amizade e companhia insubstituível...

Mas isso não impede que, durante a viagem, pessoas interessantes e que virão a ser superespeciais para nós, embarquem. Chegam nossos irmãos, amigos e amores maravilhosos.

Muitas pessoas tomam esse trem, apenas a passeio; outros encontrarão nessa viagem somente tristezas; ainda outros circularão pelo trem, prontos a ajudar a quem precisa. Muitos descem e deixam saudades eternas, outros tantos passam por ele de uma forma que, quando desocupam seu assento, ninguém sequer percebe. Curioso é constatar que alguns passageiros acomodam-se em vagões diferentes dos nossos; portanto, somos obrigados a fazer esse trajeto separados deles, o que não impede, é claro, que durante esse trajeto, atravessemos, com grande dificuldade, nosso vagão e cheguemos até eles... só que, infelizmente, jamais poderemos sentar ao seu lado, pois já terá alguém ocupando aquele lugar.

Não importa, é assim a viagem, cheia de atropelos, sonhos, fantasias, esperas, despedidas... porém JAMAIS retornos.

Façamos essa viagem, então, da melhor maneira possível tentando nos relacionar bem com todos os passageiros, procurando, em cada um deles, o que tiverem de melhor, lembrando sempre que, em algum momento do trajeto, eles poderão fraquejar e, provavelmente, precisaremos entender isso, porque nós também fraquejaremos muitas vezes e, com certeza, haverá alguém que nos entenderá.

O grande mistério, afinal, é que jamais saberemos em qual parada desceremos, muito menos nossos companheiros, nem mesmo aquele que está sentado ao nosso lado. Eu fico pensando se, quando descer desse trem, sentirei saudades...

Acredito que sim; me separar de alguns amigos que fiz nele será no mínimo dolorido; deixar meus filhos continuarem a viagem sozinhos com certeza será muito triste, mas me agarro na esperança de que, em algum momento, estarei na estação principal e terei a grande emoção de vê-los chegar com uma bagagem que não tinham quando embarcaram... e o que vai me deixar feliz será pensar que eu colaborei para que eles tenham crescido e a bagagem se tornado valiosa.

Amigos, façamos com que a nossa estada, nesse trem, seja tranqüila, que tenha valido a pena e que, quando chegar a hora de desembarcarmos, o nosso lugar vazio traga saudades e boas recordações para aqueles que prosseguirem a viagem.

# O Cachorrinho e a Pantera

(Autor desconhecido)

Um senhor muito rico vai à caça na África e leva consigo um cachorrinho para não se sentir tão só naquelas regiões. Um dia, já na expedição, o cachorrinho começa a brincar de caçar mariposas, e quando se dá conta, já está muito longe do grupo do safari. Nisso vê que vem perto uma pantera correndo em sua direção. Ao perceber que a pantera irá devorá-lo, pensa rápido no que fazer. Vê uns ossos de um animal morto e se coloca a mordê-los.

Então, quando a pantera está a ponto de atacá-lo, o cachorrinho diz: – Ah, que delícia esta pantera que acabo de comer!

A pantera pára bruscamente, sai apavorada correndo do cachorrinho e vai pensando: – Que cachorro bravo! Por pouco não come a mim também!

Um macaco que estava trepado em uma árvore perto, e que havia visto a cena, sai correndo atrás da pantera para lhe contar como ela foi enganada pelo cachorro. Mas o cachorrinho percebe a manobra do macaco. O macaco alcança a pantera e lhe conta toda a história. Então, a pantera furiosa diz: – Cachorro safado! Vai me pagar! Agora vamos ver quem come quem!

– Depressa! – disse o macaco. – Vamos alcançá-lo! E saem correndo para buscar o cachorrinho. O cachorrinho vê que a pantera vem atrás dele de novo e desta vez traz o macaco montado em suas costas. – Ah, macaco traiçoeiro! O que faço agora?

– Pensou o cachorrinho. E em vez de sair correndo, fica de costas como se não estivesse vendo nada. E quando a pantera está a ponto de atacá-lo de novo, o cachorrinho diz:

– Maldito macaco preguiçoso! Faz meia hora que eu o mandei me trazer uma outra pantera e ele ainda não voltou!

## O Vaso e a Vida

(Autor desconhecido)

Numa aula de filosofia, o professor tomou um vaso de boca larga e dentro colocou, primeiramente, algumas pedras grandes. Perguntou, então, à turma:

– Está cheio? – Pelo que viam, o vaso estava repleto e, por isso, os alunos responderam: – Sim! – O professor, então, tomou um balde cheio de pedrinhas e virou dentro do vaso, tendo as pedrinhas se alojado nos espaços entre as pedras grandes. Então, ele perguntou aos alunos: – E agora, está cheio? E os alunos responderam: – Sim!

Veio o professor agora com um saco de areia e entornou dentro do vaso, procedendo à mesma pergunta. Os alunos, embora hesitantes agora, responderam afirmativamente mais uma vez, já que a areia preencheu os espaços entre as pedras e as pedrinhas.

Finalmente, o professor tomou um jarro com água e despejou dentro do vaso, tendo o líquido encharcado e saturado a areia. Nesse ponto, o professor perguntou: – Qual é o objetivo desta demonstração?

Um jovem e brilhante aluno respondeu: – Não importa o quanto a nossa agenda esteja cheia; sempre se vai conseguir espremer e caber mais atividades.

O professor então tomou a palavra e disse: – Não é bem isso. A menos que você, em primeiro lugar, coloque as pedras grandes dentro do vaso, nunca mais conseguirá fazê-lo. E pôs à disposição da turma material igual ao primeiro vaso, ficando os alunos surpresos de não conseguirem, invertendo a ordem, que coubessem as pedras grandes. Elas sobraram. O vaso já estava repleto com as coisas menores. E aí vem a explicação final:

– As pedras grandes são as coisas realmente importantes de sua vida: seu crescimento pessoal e espiritual. Quando você dá prioridade a isso e se mantém aberto para o novo, as demais coisas vão se ajustando por si só: seus relacionamentos (família, amigos), suas obrigações (profissão, afazeres domésticos), seus bens e direitos materiais e todas as demais coisas menores que completam a vida. Mas se você preencher sua vida prioritariamente com as coisas pequenas, então as que são realmente importantes nunca terão espaço.

Esvaziem seus vasos e recomecem a preenchê-los com as pedras grandes.

Ainda há tempo.

# O FRIO QUE MATA

(Autor desconhecido)

Seis homens ficaram bloqueados numa caverna por uma avalanche de neve. Teriam que esperar até o amanhecer para poderem receber socorro. Cada um deles trazia um pouco de lenha e havia uma pequena fogueira ao redor da qual eles se aqueciam. Se o fogo apagasse – eles o sabiam –, todos morreriam de frio antes que o dia clareasse.

Chegou a hora de cada um colocar sua lenha na fogueira. Era a única maneira de poderem sobreviver. O primeiro homem era um racista. Ele olhou demoradamente para os outros cinco e descobriu que um deles tinha a pele escura. Então ele raciocinou consigo mesmo:

"Aquele negro! Jamais darei minha lenha para aquecer um negro." E guardou-a, protegendo-a dos olhares dos demais. O segundo homem era um rico avarento. Ele estava ali porque esperava receber os juros de uma dívida. Olhou ao redor e viu um círculo em torno do fogo bruxuleante, um homem da montanha, que trazia sua pobreza no aspecto rude do semblante e nas roupas velhas e remendadas. Ele fez as contas do valor da sua lenha e, enquanto mentalmente sonhava com o seu lucro, pensou: "Eu, dar a minha lenha para aquecer um preguiçoso?"

O terceiro homem era o negro. Seus olhos faiscavam de ira e de ressentimento. Não havia qualquer sinal de perdão ou mesmo aquela superioridade moral que o sofrimento ensinava. Seu pensamento era muito prático: "É bem provável que eu precise desta lenha para me defender. Além disso, eu jamais daria minha lenha para salvar aqueles que me oprimem." E guardou sua lenha com cuidado.

O quarto homem era o pobre da montanha. Ele conhecia mais do que os outros os caminhos, os perigos e os segredos da neve. Ele pensou: "Esta nevasca pode durar vários dias. Vou guardar minha lenha."

O quinto homem parecia alheio a tudo. Era um sonhador. Olhando fixamente para as brasas, nem lhe passou pela cabeça oferecer da lenha que carregava. Ele estava preocupado demais com suas próprias visões (ou alucinações?) para pensar em ser útil.

O sexto homem trazia, nos vincos da testa e nas palmas calosas das mãos, os sinais de uma vida de trabalho. Seu raciocínio era curto e rápido. "Esta lenha é minha. Custou o meu trabalho. Não darei a ninguém, nem mesmo o menor dos meus gravetos." Com estes pensamentos, os seis homens permaneceram imóveis.

A última brasa da fogueira se cobriu de cinzas e finalmente apagou. Ao alvorecer do dia, quando os homens do Socorro chegaram à caverna, encontraram seis cadáveres congelados, cada qual segurando um feixe de lenha. Olhando para aquele triste quadro, o chefe da equipe de Socorro disse:

— O frio que os matou não foi o frio de fora, mas o frio de dentro.

# A Sala de Aula

(Autor desconhecido)

Numa sala de aula, havia várias crianças. Quando uma delas perguntou à professora:

— Professora, o que é o amor?

A professora sentiu que a criança merecia uma resposta à altura da pergunta inteligente que fizera. Como já estava na hora do recreio, pediu para que cada aluno desse uma volta pelo pátio da escola e trouxesse o que mais despertasse nele o sentimento de amor. As crianças saíram apressadas e, ao voltarem, a professora disse:

— Quero que cada um mostre o que trouxe consigo.

A primeira criança disse:

— Eu trouxe esta flor; não é linda?

A segunda criança falou:

— Eu trouxe esta borboleta. Veja o colorido de suas asas! Vou colocá-la em minha coleção.

A terceira criança completou:

— Eu trouxe este filhote de passarinho. Ele havia caído do ninho junto com outro irmão. Não é uma gracinha?

E assim as crianças foram se colocando.

Terminada a exposição, a professora notou que havia uma criança que tinha ficado quieta o tempo todo. Ela estava vermelha de vergonha, pois nada havia trazido. A professora se dirigiu a ela e perguntou:

— Meu bem, por que você nada trouxe?

E a criança timidamente respondeu:

— Desculpe, professora. Vi a flor e senti o seu perfume. Pensei em arrancá-la, mas preferi deixá-la para que seu perfume exalasse por mais tempo. Vi também a borboleta, leve, colorida! Ela parecia tão feliz que não tive coragem de aprisioná-la. Vi também o passarinho caído entre as folhas, mas, ao subir na árvore, notei o olhar triste de sua mãe e preferi devolvê-lo ao ninho. Portanto, professora, trago comigo o perfume da flor, a sensação de liberdade da borboleta e a gratidão que senti nos olhos da mãe do passarinho. Como posso mostrar o que trouxe?

A professora agradeceu a criança e lhe deu nota máxima, pois ela fora a única que percebera que só podemos trazer o amor no coração.

# A Mesa do Velho Avô

(Autor desconhecido)

Um frágil e velho homem foi viver com seu filho, sua nora e o seu neto de quatro anos. As mãos do velho homem tremiam, a vista era embaralhada e o seu passo era hesitante.

A família comeu junto à mesa.

Mas as mãos trêmulas do avô ancião e sua visão falhando tornaram difícil o ato de comer. Ervilhas rolaram da colher dele sobre o chão.

Quando ele pegou seu copo, o leite derramou na toalha da mesa. A bagunça irritou fortemente seu filho e sua nora:

— Nós temos que fazer algo sobre o vovô, disse o filho.

— Já tivemos bastante do seu leite derramado, ouvindo-o comer ruidosamente, e muita de sua comida no chão.

Assim, o marido e a esposa prepararam uma mesa pequena no canto da sala. Lá, o vovô comia sozinho enquanto o resto da família desfrutava do jantar.

Desde que o avô tinha quebrado um ou dois pratos, a comida dele foi servida em uma tigela de madeira.

Quando a família olhava de relance na direção do vovô, às vezes percebiam nele uma lágrima em seu olho por estar só. Ainda assim, as únicas palavras que o casal tinha para ele eram advertências acentuadas quando ele derrubava um garfo ou derramava comida.

O neto assistiu a tudo em silêncio. Uma noite, antes da ceia, o pai notou que seu filho estava brincando no chão com sucatas de madeira.

Ele perguntou docemente para a criança: – O que você está fazendo? Da mesma maneira dócil, o menino respondeu: – Eu estou fabricando uma pequena tigela para você e mamãe comerem sua comida quando eu crescer. O neto de quatro anos sorriu e voltou a trabalhar.

As palavras do menino golpearam os pais, que ficaram mudos.

Então, lágrimas começaram a fluir em seus rostos. Entretanto, nenhuma palavra foi falada; ambos sabiam o que devia ser feito.

Aquela noite, o marido pegou a mão do vovô e, com suavidade, o conduziu atrás da mesa familiar.

Para o resto de seus dias de vida, ele comeu sempre com a família. E, por alguma razão, nem marido nem esposa pareciam se preocupar mais quando um garfo era derrubado, ou leite derramado, ou que a toalha da mesa tinha sujado.

As crianças são extremamente perceptivas. Os olhos delas sempre observam, suas orelhas sempre escutam e suas mentes sempre processam as mensagens que elas absorvem. Se elas nos vêem pacientemente providenciar uma atmosfera feliz em nossa casa, para nossos familiares, elas imitarão aquela atitude para o resto de suas vidas.

O pai sábio percebe isso diariamente: que o alicerce está sendo construído para o futuro da criança.

# POTE RACHADO

(Autor desconhecido)

Um carregador de água na Índia levava dois potes, ambos pendurados um em cada ponta de uma vara, que era carregada atravessada em seu pescoço. Um dos potes tinha uma rachadura, enquanto o outro era perfeito e sempre chegava cheio d'água no fim da longa jornada entre o poço e a casa de seu senhor; o pote rachado chegava apenas pela metade.

Foi assim por dois anos, diariamente, o carregador entregando um pote e meio de água na casa de seu senhor.

Claro, o pote perfeito estava orgulhoso de suas realizações. Porém, o pote rachado estava envergonhado de sua imperfeição e sentindo-se miserável por ser capaz de realizar apenas a metade do que lhe havia sido designado a fazer.

Após perceber que por dois anos havia sido uma falha amarga, o pote falou para o homem, um dia, à beira do poço:

– Estou envergonhado e quero pedir-lhe desculpas.

– Por quê? De que você está envergonhado? – Perguntou o homem.

– Nesses dois anos eu fui capaz de entregar apenas a metade da minha carga, porque essa rachadura no meu lado faz com que a água vaze por todo o caminho, até a casa de meu senhor. Por causa do meu defeito, seu trabalho é dobrado e não ganha salário completo dos seus esforços – disse o pote.

O homem ficou triste pela situação do velho pote e, com compaixão, falou:

— Quando retornarmos para a casa de meu senhor, quero que percebas as flores ao longo do caminho.

De fato, à medida que eles subiam a montanha, o velho pote rachado notou as flores selvagens ao lado do caminho e isto lhe deu certo ânimo. Mas, ao fim da estrada, o pote ainda se sentia mal porque tinha vazado a metade, e novamente pediu desculpas por sua falha.

Disse o homem ao pote:

— Você notou que pelo caminho só havia flores do seu lado? E, ao conhecer seu defeito, tirei vantagem dele. Lancei sementes de flores ao longo do caminho e a cada dia, enquanto voltávamos do poço, você as regava. Por dois anos, eu pude colher estas lindas flores para ornamentar a mesa de meu senhor. Sem você ser do jeito que é, ele não poderia ter esta beleza para dar graça à sua casa.

Cada um de nós tem seus próprios e únicos defeitos. Todos nós somos potes rachados. Porém, se permitirmos, o Senhor vai usar estes nossos defeitos para embelezar nossas mesas. Na grandiosa economia de Deus, nada se perde.

Nunca deveríamos ter medo dos nossos defeitos. Se os reconhecemos, eles poderão causar beleza e, das nossas fraquezas, podemos tirar forças.

# Se Você Recebesse um E-Mail de Deus...

(Autor desconhecido)

Oi,
Como você acordou esta manhã?

Eu vi você e esperei pensando que você falaria comigo, mesmo que fosse apenas algumas poucas palavras, querendo saber minha opinião sobre alguma coisa ou mesmo me agradecendo por algo bom que aconteceu em sua vida ontem. Mas eu notei que você estava muito ocupado tentando encontrar uma roupa que ficasse boa em você para ir ao trabalho. Então, eu esperei outra vez. Quando você correu pela casa de um lado pro outro, já pronto, eu estava lá, e seriam certamente poucos minutos para você parar e dizer alô, mas você estava realmente muito ocupado.

Mas, por um momento, você pensou que tinha que esperar 15 minutos e gastou este tempo apenas sentado em uma cadeira fazendo nada, estava apenas sentado.

Então, eu vi você se mexer rapidamente olhando para os seus pés que se movimentavam, e eu pensei que você queria falar comigo, mas você correu para o telefone e ligou para um amigo para contar as últimas fofocas.

Eu vi você quando foi para o trabalho e esperei pacientemente o dia inteiro. Com todas as suas atividades, eu achei que você estaria realmente muito ocupado para dizer-me alguma coisa.

Eu notei que, antes do almoço, você olhou ao seu redor; talvez tenha se sentido sem jeito ou com vergonha de falar comigo, isto é, porque você não inclinou sua cabeça. Você procurou observar três ou quatro mesas e notou alguns de seus amigos falando comigo, brevemente antes de eles começarem a comer, mas você não falou comigo. Tudo bem!

Ainda temos mais tempo hoje e eu tenho esperança de que você ainda irá falar comigo.

Mas você foi para casa e parecia que tinha muitas e muitas coisas para fazer ainda hoje. Depois de ter terminado algumas delas, você ligou a televisão. Eu não sei se você gosta ou não de ver televisão, mas apenas por estar lá assistindo, você gastou muito do seu tempo, quase todo o seu tempo em frente da TV, não pensando em nada mais, apenas curtindo o programa. Eu esperei pacientemente outra vez enquanto você estava assistindo à TV e comeu a sua comida, mas, mais uma vez, você não falou comigo!

Hora de ir para cama, hora de dormir. Eu acho que você deve estar muito cansado. Depois, disse *boa-noite* para a sua família, pulou na sua cama, caiu no sono e dormiu rapidamente. Tudo bem, o.k. porque talvez você não saiba que eu sempre estou lá com você, sempre do seu lado.

Eu tenho muita paciência. Muito mais do que você pode imaginar. Eu mesmo quero ensinar como ser mais paciente com as outras pessoas e como ser bom. Eu amo tanto você que espero, todos os dias, por um sinal seu, um simples inclinar de cabeça, uma oração, um pensamento ou um agradecimento por parte de seu coração. Sabe, é muito difícil em uma conversa só existir um lado, só um conversar. Bom, você vai se levantar outra vez para um novo dia, e mais uma vez, e mais outra vez, e outra vez, e serão muitas vezes ainda que eu estarei lá, talvez esperando por nada, mas com muito amor para você, esperando que hoje você possa me dar alguma atenção, um pouco de seu tempo.

Tenha um bom dia!

Seu sempre amigo,

Deus.

# A Máscara do Sorriso

(Autor desconhecido)

Experimente sorrir, e a vida lhe sorrirá em retribuição.

Na China antiga, existiu um homem chamado Wong, que se sentia hostilizado pelas pessoas da pequena aldeia em que morava. Um dia, o senhor Wong foi visitar o sábio da região e então desabafou: — Cumpro minhas obrigações para com os deuses, sou um bom cidadão, um exemplar chefe de família e vivo praticando a caridade. Por que as pessoas não gostam de mim?

E a resposta do mestre foi simples: embora o senhor Wong fosse bom e caridoso, o seu rosto sério levava todos a uma conclusão diferente. Embora ele fosse muito rico, era pobre de alegria e cordialidade e, por outro lado, nunca sorria, embora ajudasse as pessoas.

O sábio deu ao senhor Wong uma máscara sorridente, que se ajustava perfeitamente ao seu rosto. Advertiu-o, entretanto, de que, se algum dia a tirasse do rosto, não conseguiria recolocá-la.

No primeiro dia em que o senhor Wong saiu à rua, todos começaram a cumprimentá-lo e, em pouquíssimo tempo, já estava cheio de amigos. Mas, um dia, chegando à conclusão de que as pessoas não gostavam dele, mas da máscara, pensou: — É preferível ser hostilizado, a ser estimado por uma aparência falsa. Foi até o espelho e retirou a máscara sorridente. Mas que surpresa! O seu rosto tornara-se também sorridente: assumira as expressões e o sorriso da máscara.

Você pode até responder assim..."mas eu não tenho motivos para sorrir... minha vida está péssima". Acontece que você tem TODOS os motivos para sorrir: observe suas duas pernas (muitos dariam tudo para poder ter duas pernas saudáveis), os dois braços (quantos adorariam ter seus dois braços... fazer tantas coisas... abraçar entes queridos... e seus olhos... inúmeros gostariam imensamente de enxergar o mundo pelas janelinhas da alma... essas que você tem...! Sem falar do trabalho, família, cérebro perfeito... então, VOCÊ TEM TODOS OS MOTIVOS DO MUNDO PARA SORRIR e agradecer ao Nosso Pai esses tesouros a que muitos, infelizmente, apenas lhes dão o devido valor, se os perdem. Viu quantos tesouros você possui?

Então, que tal usar este "antídoto"? ...SORRIA !!!

# OLIMPÍADAS DE SEATTLE

(Autor desconhecido)

Há alguns anos, nas Olimpíadas Especiais de Seattle, nove participantes, todos com deficiência mental ou física, alinharam-se para a largada da corrida dos 100 metros rasos.

Ao sinal, todos partiram, não exatamente em disparada, mas com vontade de dar o melhor de si, terminar a corrida e ganhar. Todos, com exceção de um garoto, que tropeçou no asfalto, caiu rolando e começou a chorar.

Os outros oito ouviram o choro. Diminuíram o passo e olharam para trás. Então, eles viraram e voltaram. Todos eles. Uma das meninas, com síndrome de Down, ajoelhou, deu um beijo no garoto e disse:

— Pronto, agora vai sarar.

E todos os noves competidores deram os braços e andaram juntos até a linha de chegada.

O estádio inteiro levantou e os aplausos duraram muitos minutos.

As pessoas que estavam ali, naquele dia, continuam repetindo essa história até hoje.

Por quê?

Porque, lá no fundo, nós sabemos que o que importa nesta vida é mais do que ganhar sozinho. O que importa nesta vida é ajudar os outros a vencer, mesmo que isso signifique diminuir o passo e mudar de curso.

# Damon e Pítias

(Autor desconhecido)

Damon e Pítias eram grandes amigos desde a infância. Confiavam um no outro como se fossem irmãos e ambos sabiam, no fundo do coração, que nada havia que não fizessem um pelo outro. Chegou o dia em que precisaram demonstrar a profundidade dessa devoção. Aconteceu assim:

Dionísio, rei de Siracusa, aborreceu-se ao tomar conhecimento dos discursos que Pítias vinha fazendo. O jovem pensador andava dizendo ao público que nenhum homem deveria ter poder ilimitado sobre outro e que os tiranos absolutos eram reis injustos. Num assombro de cólera, Dionísio mandou chamar Pítias e seu amigo.

— Quem você pensa que é, espalhando a inquietação entre as pessoas?

— Divulgo apenas a verdade – respondeu Pítias. – Não pode haver nada de errado nisso.

— E sua verdade sustenta que os reis têm poder demais e que suas leis não são boas para os súditos?

— Se um rei apossou-se do poder sem a permissão do povo, sim; é o que falo.

— Isso é traição! – gritou Dionísio – Você está conspirando para me depor. Retire o que disse ou arque com as conseqüências.

— Não retiro nada – respondeu Pítias.

– Então você morrerá. Tem algum último desejo?

– Sim. Permita-me ir à minha casa apenas para dizer adeus à minha mulher e a meus filhos, e deixar em ordem os assuntos domésticos.

– Vejo que não somente me considera injusto, mas também estúpido – Dionísio riu, sarcástico. – Se sair de Siracusa, tenho certeza de que nunca mais o verei.

– Dou-lhe uma garantia – disse Pítias.

– Que garantia nesse mundo você me poderia dar para fazer-me crer que algum dia voltará? – exclamou Dionísio.

Nesse momento, Damon, que permanecia calado ao lado do amigo, deu um passo à frente. – Eu serei a garantia – disse. – Mantenha-me em Siracusa como seu prisioneiro até o retorno de Pítias. Nossa amizade é bem conhecida. Pode ter certeza de que Pítias voltará se eu ficar retido aqui.

Dionísio examinou em silêncio os dois amigos.

– Muito bem – disse por fim. – Mas, se está disposto a tomar o lugar do seu amigo, deve se dispor a aceitar a mesma sentença, se ele quebrar a promessa.

Se Pítias não voltar a Siracusa, você morrerá em lugar dele.

– Ele cumprirá a palavra – respondeu Damon. – Não tenho a menor dúvida.

Pítias recebeu permissão para partir e Damon foi atirado na prisão. Muitos dias se passaram e, como Pítias não voltava, Dionísio se deixou vencer pela curiosidade e foi à prisão ver se Damon já estava arrependido de ter feito o acordo.

– Seu tempo está chegando ao fim – o rei de Siracusa escarneceu. – Será inútil implorar misericórdia. Você foi um tolo ao confiar na promessa do seu amigo. Pensou realmente que ele iria sacrificar a vida por você, ou por qualquer outra pessoa?

— É um mero atraso — Damon rebateu com firmeza. — Os ventos não permitiram que navegasse, ou talvez tenha encontrado um imprevisto na estrada. Mas se for humanamente possível chegará a tempo. Tenho tanta certeza da sua virtude como da minha própria existência.

Dionísio admirou-se da confiança do prisioneiro.

— Logo veremos — disse ele, deixando Damon sozinho na cela.

Chegou o dia fatal. Damon foi retirado da prisão e levado à presença do algoz. Dionísio saldou-o com um sorriso presunçoso.

— Parece que seu amigo não apareceu — ele riu — Que acha dele agora?

— É meu amigo — Damon respondeu — confio nele.

Nem terminaram de falar e as portas se abriram, deixando entrar Pítias cambaleante. Estava pálido, ferido, e a exaustão tirava-lhe o fôlego.

Atirou-se aos braços do amigo.

— Você está vivo, graças aos Deuses — soluçou. — Tudo parecia estar contra nós. Meu navio naufragou numa tempestade, bandidos me atacaram na estrada. Mas me recusei a perder a esperança e, finalmente, consegui chegar a tempo. Estou pronto a cumprir minha sentença de morte.

Dionísio ouviu com espanto essas palavras. Abriram-se seus olhos e seu coração. Era-lhe impossível resistir ao poder de tal lealdade.

— A sentença está revogada — declarou ele. — Jamais acreditei que pudessem existir tamanha fé e lealdade na amizade. Vocês mostraram como eu estava errado e é justo que os recompense com a liberdade. Em troca, porém, peço um grande auxílio.

— Que auxílio? — perguntaram os amigos.

— Ensinem-me a ter parte em tão sólida amizade.

# GRATIDÃO

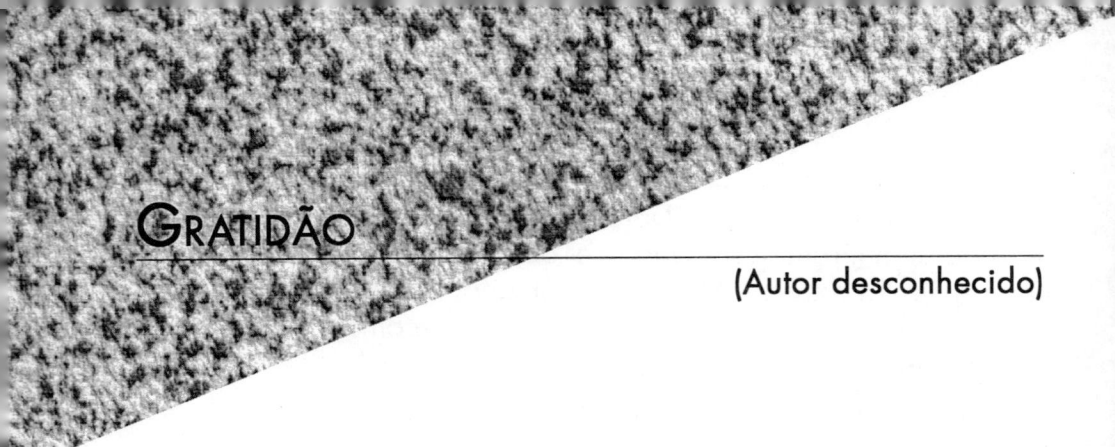

(Autor desconhecido)

O homem por detrás do balcão olhava a rua, de forma distraída. Uma garotinha se aproximou da loja e amassou o narizinho contra o vidro da vitrine. Os olhos da cor do céu brilhavam quando viu um determinado objeto. Entrou na loja e pediu para ver o colar de turquesa azul.

– É para minha irmã. Pode fazer um pacote bem bonito?, diz ela.

O dono da loja olhou desconfiado para a garotinha e lhe perguntou:

– Quanto de dinheiro você tem?

Sem hesitar, ela tirou do bolso da saia um lenço todo amarradinho e foi desfazendo os nós. Colocou-o sobre o balcão e, feliz, disse: – Isso dá?

Eram apenas algumas moedas que ela exibia orgulhosa.

– Sabe, quero dar este presente para minha irmã mais velha. Desde que morreu nossa mãe, ela cuida da gente e não tem tempo para ela. É aniversário dela e tenho certeza de que ficará feliz com o colar que é da cor de seus olhos.

O homem foi para o interior da loja, colocou o colar em um estojo, embrulhou com um vistoso papel vermelho e fez um laço caprichado com uma fita verde.

– Tome!, disse para a garota. Leve com cuidado.

Ela saiu feliz, saltitando pela rua abaixo. Ainda não acabara o dia quando uma linda jovem de cabelos loiros e maravilhosos olhos azuis adentrou a loja. Colocou sobre o balcão o já conhecido embrulho desfeito e indagou:

— Este colar foi comprado aqui?

— Sim, senhora.

— E quanto custou?

— Ah!, falou o dono da loja. O preço de qualquer produto da minha loja é sempre um assunto confidencial entre o vendedor e o cliente.

— A moça continuou: — Mas minha irmã tinha somente algumas moedas! O colar é verdadeiro, não é? Ela não teria dinheiro para pagá-lo!

O homem tomou o estojo, refez o embrulho com extremo carinho, colocou a fita e o devolveu à jovem.

— Ela pagou o preço mais alto que qualquer pessoa pode pagar: ELA DEU TUDO O QUE TINHA.

O silêncio encheu a pequena loja e duas lágrimas rolaram pela face emocionada da jovem, enquanto suas mãos tomavam o pequeno embrulho.

Verdadeira doação é dar-se por inteiro, sem restrições.

Gratidão de quem ama não coloca limites para os gestos de ternura.

Seja sempre grato, mas não espere pelo reconhecimento de ninguém.

Gratidão com amor não apenas aquece quem recebe, como reconforta quem oferece.

# Pai, Você Tem 1 Real para me Emprestar?

(Autor desconhecido)

Um menino, com voz tímida e olhos cheios de admiração, pergunta ao pai, quando este retorna do trabalho:

— Pai, quanto o senhor ganha por hora?

O pai, num gesto severo, responde:

— Meu filho, isto nem a sua mãe sabe. Por isso, não me amole, estou cansado!!!

Mas o filho insiste:

— Mas papai, por favor, diga, quanto o senhor ganha por hora?

A reação do pai foi menos severa e respondeu:

— Três reais por hora.

— Então, papai, o senhor poderia me emprestar um real?

O pai, cheio de ira e tratando o filho com brutalidade, respondeu:

— Então, essa era a razão de querer saber quanto eu ganho? Vá dormir e não me amole!

Já era noite, quando o pai, por algum momento raro, começou a pensar no que havia acontecido com o filho e sentiu-se culpado. Talvez, quem sabe, o filho precisasse comprar algo. Querendo aliviar sua consciência doída, foi até o quarto do menino e, em voz baixa, perguntou:

— Filho, está dormindo?

– Não, papai! – o garoto respondeu, sonolento e choroso.

– Olha, aqui está o dinheiro que me pediu: um real.

– Muito obrigado, papai! – disse o filho, levantando-se rapidamente e retirando mais dois reais de uma caixinha que estava sob a cama.

– Agora já completei, papai! Tenho três reais. Poderia me vender uma hora de seu tempo?

# Os 2 Anjos

(Autor desconhecido)

Dois anjos estavam viajando e pararam na casa de uma família rica para passar a noite. A família recusou-se a recebê-los no quarto de hóspedes da mansão. Em vez disso, foi-lhes dado um lugar frio no porão. Assim, eles arrumaram suas camas no chão duro. O anjo mais velho viu um buraco na parede e o fechou. Quando o anjo mais novo perguntou o porquê daquilo, o anjo mais velho respondeu: – Nem sempre as coisas são como parecem!

Na noite seguinte, o par de anjos veio descansar na casa de um fazendeiro muito pobre, porém hospitaleiro. Depois de compartilhar a pouca comida, o casal deixou que os anjos dormissem na sua cama, onde eles puderam ter uma boa noite de descanso. Quando o sol veio na manhã seguinte, os anjos encontraram o fazendeiro e sua esposa em lágrimas. Sua única vaca, cujo leite era o único rendimento, estava morta no campo. O anjo mais novo perguntou ao anjo mais velho como ele deixou que aquilo acontecesse.

O primeiro homem tinha tudo, mesmo assim você o ajudou. A segunda família tinha pouco, porém estava disposta a dividir todas as coisas e você ainda deixou que sua vaca morresse?

– Nem sempre as coisas são como parecem! Respondeu o anjo mais velho e continuou: – Quando estávamos no porão da mansão, eu vi que havia ouro guardado em um buraco na parede. Visto que o dono estava tão obcecado pela cobiça e não estava disposto a compartilhar sua boa fortuna, eu fechei a parede e ele não será capaz de encontrá-la. Então, na noite passada, enquanto nós dormíamos na cama do fazendeiro, o anjo da morte veio levar sua esposa. Eu disse a ele que, em vez dela, levasse o animal.

Nem sempre as coisas são como parecem! Algumas vezes é exatamente o que acontece quando as coisas não resultam como gostaríamos que fosse. Se você tem fé em Deus, apenas confie que todo resultado é sempre a seu favor.

Você pode não entender isto na hora, mas, mais tarde, o entenderá!

# A Caixinha Dourada

(Autor desconhecido)

Há certo tempo, um homem castigou sua filhinha de três anos por desperdiçar um rolo de papel de presente dourado. O dinheiro andava escasso naqueles dias, razão pela qual o homem ficou furioso ao ver a menina envolvendo uma caixinha com aquele papel dourado e colocá-la debaixo da árvore de Natal. Apesar de tudo, na manhã seguinte, a menininha levou o presente a seu pai e disse: – Isto é para você, paizinho! Ele sentiu-se envergonhado da sua furiosa reação, mas voltou a explodir quando viu que a caixa estava vazia.

Gritou, dizendo: – Você não sabe que, quando se dá um presente a alguém, a gente coloca alguma coisa dentro da caixa? A pequena menina olhou para cima com lágrimas nos olhos e disse: – Mas, paizinho, a caixa não estava vazia. Eu soprei beijos dentro da caixa. Todos para você, papai!

O pai quase morreu de vergonha, abraçou a menina e suplicou que ela o perdoasse.

Dizem que o homem guardou a caixa dourada ao lado de sua cama pelo resto de sua vida e, sempre que se sentia triste, deprimido, chateado, ele tomava da caixa um beijo imaginário e recordava o amor que sua filha havia posto ali.

De uma forma simples, mas sensível, cada um de nós, humanos, tem recebido uma caixinha dourada, cheia de amor incondicional e beijos de nossos pais, filhos, irmãos e amigos...

Ninguém poderá ter uma propriedade ou posse mais bonita do que esta.

# Os 7 Pecados Capitais

(Autor desconhecido)

Certo dia, um casal, ao chegar do trabalho, encontrou algumas pessoas dentro de sua casa.

Achando que eram ladrões, ficaram assustados, mas um homem forte e saudável, com corpo de halterofilista, disse:

– Calma, pessoal, nós somos velhos conhecidos e estamos em toda parte do mundo.

– Mas quem são vocês? – pergunta a mulher.

– Eu sou a Preguiça – responde o homem másculo. – Estamos aqui para que vocês escolham um de nós para sair definitivamente da vida de vocês.

– Como pode você ser a preguiça se tem um corpo de atleta que vive malhando e praticando esportes? – Indagou a mulher.

– A preguiça é forte como um touro e pesa toneladas nos ombros dos preguiçosos; com ela ninguém pode chegar a ser um vencedor.

Uma mulher velha, curvada, com a pele muito enrugada, que mais parecia uma bruxa, diz:

– Eu, meus filhos, sou a Luxúria.

– Não é possível! – diz o homem. – Você não pode atrair ninguém com essa feiúra.

– Não há feiúra para a luxúria, queridos. Sou velha porque existo há muito tempo entre os homens; sou capaz de destruir famílias inteiras, perverter crianças e trazer doenças para todos, até a morte. Sou astuta e posso me disfarçar na mais bela mulher.

E um malcheiroso homem, vestindo uns maltrapilhos de roupas, que mais parecia um mendigo, diz:

— Eu sou a Cobiça. Por mim muitos já mataram, por mim muitos abandonaram famílias e pátria, sou tão antigo quanto a Luxúria, mas eu não dependo dela para existir.

— E eu, sou a Gula — diz uma lindíssima mulher com um corpo escultural e cintura finíssima. Seus contornos eram perfeitos e tudo no corpo dela tinha harmonia de forma e movimentos.

Assustam-se os donos da casa, e a mulher diz:

— Sempre imaginei que a gula seria gorda.

— Isso é o que vocês pensam — responde ela. — Sou bela e atraente porque se assim não fosse seria muito fácil livrarem-se de mim. Minha natureza é delicada, normalmente sou discreta, quem tem a mim não se apercebe, mostro-me sempre disposta a ajudar na busca da luxúria.

Sentado em uma cadeira num canto da casa, um senhor, também velho, mas com o semblante bastante sereno, com voz doce e movimentos suaves, diz:

Eu sou a Ira. Alguns me conhecem como cólera. Tenho muitos milênios também. Não sou homem, nem mulher, assim como meus companheiros que estão aqui.

— Ira? Parece mais o vovô que todos gostariam de ter — diz a dona da casa.

— E a grande maioria me tem — responde o vovô. — Matam com crueldade, provocam brigas horríveis e destroem cidades. Sou capaz de eliminar qualquer sentimento diferente de mim, posso estar em qualquer lugar e penetrar nas mais protegidas casas.

Mostro-me calmo e sereno para mostrar-lhes que a Ira pode estar no aparentemente manso. Posso também ficar contido no íntimo das pessoas sem me manifestar, provocando úlceras, câncer e as mais temíveis doenças.

– Eu sou a Inveja. Faço parte da história do homem desde a sua criação – diz uma jovem que ostentava uma coroa de ouro cravada de diamantes, usava braceletes de brilhantes e roupas de fino pano, assemelhando-se a uma princesa rica e poderosa.

– Como inveja? Se é rica e bonita e parece ter tudo o que deseja? – diz a mulher da casa.

– Há os que são ricos, os que são poderosos, os que são famosos e os que não são nada disso, mas eu estou entre todos; a inveja surge pelo que não se tem, e o que não se tem é a felicidade. Felicidade depende de amor, e isso é o que mais carece na humanidade...

Onde eu estou, está também a Tristeza.

Enquanto os invasores se explicavam, um garoto, que aparentava cerca de cinco a seis anos, brincava pela casa. Sorridente e de aparência inocente, característica das crianças, sua face de delicados traços mostrava a plenitude da jovialidade, olhos vívidos...

E você, garoto, o que faz junto a esses que parecem ser a personificação do mal? O garoto responde com um sorriso largo e olhar profundo:

– Eu sou o Orgulho.

– Orgulho? Mas você é apenas uma criança? Tão inocente como todas as outras.

O semblante do garoto tomou um ar de seriedade que assustou o casal, e ele então disse:

– O orgulho é como uma criança mesmo: mostra-se inocente e inofensivo, mas não se enganem, sou tão destrutível quanto todos aqui. Quer brincar comigo?

A Preguiça interrompe a conversa e diz:

– Vocês devem escolher quem de nós sairá definitivamente de suas vidas.

Queremos uma resposta.

O homem da casa responde:

– Por favor, dêem 10 minutos para que possamos pensar.

O casal se dirige para seu quarto e lá faz várias considerações.

Dez minutos depois retorna.

– E então? – pergunta a Gula.

– Queremos que o Orgulho saia de nossas vidas.

O garoto olha com um olhar fulminante para o casal, pois queria continuar ali. Porém, respeitando a decisão, dirige-se para a saída.

Os outros, em silêncio, iam acompanhando o garoto, quando o homem da casa pergunta:

– Ei! Vocês vão embora também?

O Menino, agora com ar de severo e com a voz forte de um orador experiente, diz:

– Escolheram que o Orgulho saísse de suas vidas e fizeram a melhor escolha. Pois onde não há orgulho não há Preguiça, pois os preguiçosos são aqueles que se orgulham de nada fazer para viver, não percebendo que na verdade vegetam. Onde não há orgulho não há Luxúria, pois os luxuriosos têm orgulho de seus corpos e se julgam merecedores. Onde não há orgulho não há Cobiça, pois os cobiçosos têm orgulho das migalhas que possuem, juntando tesouros na terra e invejando a felicidade alheia, não percebendo que, na verdade, são instrumentos do dinheiro. Onde não há orgulho não há Gula, pois os gulosos se orgulham de sua condição e jamais admitem que o são, arrumam desculpas para justificar a gula, não percebendo que, na verdade, são marionetes dos desejos. Onde não há orgulho não há Ira, pois, segundo o próprio julgamento, não são perfeitos, não percebendo que, na verdade, sua ira é resultado de suas próprias imperfeições. Onde não há orgulho não há Inveja, pois os invejosos sentem o orgulho ferido ao verem o sucesso alheio seja ele qual for. Precisam constantemente superar os demais nas conquistas, não percebendo que, na verdade, são ferramentas da insegurança.

Saíram todos sem olhar para trás, e, ao baterem a porta, um fulminante raio de luz invadiu o recinto: o casal desintegrou-se...

Dizem que viraram anjos!

# O Sol e o Vento Mau do Norte

(Autor desconhecido)

Num certo dia, o Sol e o Vento Mau do Norte estavam numa acirrada discussão. Queriam descobrir qual dos dois era o mais forte.

A conversa durou muito tempo até que, por consenso, eles resolveram colocar à prova suas forças. Para isso, escolheram um viajante que seguia por uma estrada montado em seu cavalo.

— Veja — falou o Vento — vou atirar-me sobre ele e rapidamente arrancar-lhe o casaco. E assim fez.

O Vento soprou com toda a sua violência e ódio. Porém, quanto mais ele se embrenhava em sua investida, mais o viajante se protegia. Abotoou o casaco, resmungou contra a ventania e seguiu o seu caminho.

O Vento ficou furioso e cobriu de neve o pobre viajante.

Maldizendo o tempo ruim, o homem afivelou a cintura, enfiou as mãos no bolso do casaco e apertou os braços contra o corpo.

O Sol, assistindo ao trabalho cruel de seu rival, deu um largo sorriso, surgiu por trás das nuvens e derramou carinhosamente seus raios. Secou a terra e, ao mesmo tempo, aqueceu e enxugou o viajante, que já estava quase congelado.

O homem, sentindo o calor bondoso dos raios do Sol, levantou a cabeça em direção a ele, rendendo-lhe uma bênção. E então tirou o casaco, dobrando-o e amarrando-o na garupa do cavalo.

— Está vendo? — disse o Sol ao Vento. — Acreditas agora que com brandura, bondade e amor pode-se fazer muito mais do que com violência, maldade e ódio?

O amor é o supremo elemento transformador do universo.

# A Porta

(Denise de Fátima de Araújo)

Se você abre uma porta, pode optar por entrar ou não em uma nova sala.

Você pode entrar em uma nova sala, pode não entrar e ficar observando a vida. Mas, se você vence a dúvida, o medo e entra, dá um grande passo: nesta sala vive-se. Mas, também, há um preço...

São inúmeras outras portas que são descobertas. Às vezes decepcionamo-nos, porém outras vezes atingimos a plenitude.

O grande segredo é saber quando e qual porta deve ser aberta. A vida não é rigorosa, ela propicia erros e acertos. Os erros podem ser transformados em acertos quando com eles se aprende. Não existe a segurança do acerto eterno.

A vida é generosa.

A cada sala em que se vive, descobrem-se tantas outras portas e a vida enriquece quem se arrisca a abrir novas portas. Ela privilegia quem descobre seus segredos e, generosamente, oferece afortunadas portas.

Mas a vida também pode ser dura e severa; caso não ultrapasse a porta, terá sempre a mesma porta pela frente e a repetição perante a criação; é a monotonia perante a multiplicidade; é a estagnação da vida...

Para a vida, as portas não são obstáculos, mas diferentes passagens...

# Quase Acreditei

(Ruth Picchi)

Quase acreditei que não era nada, ao me tratarem como nada.

Quase acreditei que não seria capaz, quando não me chamavam por acharem que eu não era capaz.

Quase acreditei que não sabia, quando não me perguntavam por acharem que eu não sabia.

Quase acreditei ser diferente entre tantos iguais, entre tantos capazes e sabidos, entre tantos que eram chamados e escolhidos.

Quase acreditei estar de fora, quando me deixavam de fora porque... que falta fazia?

E de quase acreditar adoeci; busquei ajuda com doutores, mestres, magos e querubins. Procurei a cura em toda parte e ela estava tão perto de mim. Me ensinaram a olhar para dentro de mim mesmo e perceber que sou exatamente como os iguais que me faziam diferente.

E acreditei profundamente em mim.

E tenho como dívida com a vida fazer com que cada ser humano se perceba, se ame, se admire de si mesmo, como verdadeira fonte de riqueza. Foi assim que cresci: acreditando. Sou exatamente do tamanho de todo ser humano. E, por acreditar, perdi o medo de dizer, de falar, participar, e até de cometer enganos.

E se errar? Paciência, continuo vivendo e por isso aprendendo...

E errar... é humano...

# O Quadro

*(Autor desconhecido)*

Um homem havia pintado um lindo quadro.

No dia de apresentá-lo ao público, convidou todo mundo para vê-lo.

Compareceram as autoridades do local, fotógrafos, jornalistas, e muita gente, pois o pintor era muito famoso e um grande artista.

Chegado o momento, tirou-se o pano que velava o quadro.

Houve caloroso aplauso.

Era uma impressionante figura de Jesus batendo suavemente à porta de uma casa.

O Cristo parecia vivo.

Com o ouvido junto à porta, Ele parecia querer ouvir se lá dentro alguém respondia.

Houve discursos e elogios.

Todos admiravam aquela obra de arte.

Um observador curioso, porém, achou uma falha no quadro:

A porta não tinha fechadura.

E foi perguntar ao artista:

— Sua porta não tem fechadura! Como se faz para abri-la?

– É assim mesmo – respondeu o pintor. Esta é a porta do coração humano. Só se abre do lado de dentro.

# SONHANDO COM O SENHOR
(Autor desconhecido)

Uma noite eu tive um sonho...

Sonhei que estava andando na praia com o Senhor, e através do céu passavam cenas da minha vida. Para cada cena que se passava, percebi que eram deixados dois pares de pegadas na areia: um era meu, o outro de Deus.

Quando a última cena da minha vida passou diante de nós, olhei para trás, para as pegadas na areia e notei que, muitas vezes, no caminho da minha vida, havia apenas um par de pegadas na areia. Notei também que isso aconteceu nos momentos mais difíceis e angustiosos do meu viver.

Isso me deixou muito triste e perguntei ao Senhor:

— Pai, tu disseste que ao decidir te seguir tu andarias sempre comigo por todo o caminho, mas notei que durante as maiores tribulações do meu viver havia, na areia dos caminhos da minha vida, apenas um par de pegadas. Não compreendo por que, nas horas em que eu mais necessitava de Ti, Tu me deixaste.

O Senhor me respondeu: — Meu precioso filho, Eu te amo e jamais te deixaria nas horas da tua prova e do teu sofrimento. Quando vistes na areia apenas um par de pegadas, foi exatamente aí que Eu nos braços... carreguei-te.

# O Maior Elemento Transformador do Universo

Você acredita que pode mudar o mundo?

Pois bem. Então siga meu raciocínio.

Caso você consiga mudar um pouquinho de si, um pouco de sua empresa ou de sua comunidade, você há de concordar comigo que está mudando um pouquinho do mundo.

Acredite, mais do que motivação, o que importa é automotivação.

Você só muda se quiser, você só faz, e faz bem, quando gosta do que está executando.

Temos que, individualmente, assumir o compromisso de melhorar um pouco o mundo em que vivemos, sermos mais comprometidos com nossa sociedade, com a escola de nossos filhos, e, enfim, com tudo aquilo que afeta nossa vida.

Temos que valorizar nossas pequenas conquistas, agradecer por tudo o que temos e o que somos, e ter fé em nossos sonhos, persistindo sempre.

Há certo tempo, um homem castigou sua filhinha de três anos por desperdiçar um rolo de papel de presente dourado. O dinheiro andava escasso naqueles dias, razão pela qual o homem ficou furioso ao ver a menina envolvendo uma caixinha com aquele papel dourado e colocá-la debaixo da árvore de Natal. Apesar de tudo, na manhã seguinte, a menininha levou o presente a seu pai e disse: — Isto é para você, papai!

Ele se sentiu envergonhado da sua furiosa reação, mas voltou a explodir quando viu que a caixa estava vazia. Gritou: – Você não sabe que, quando se dá um presente a alguém, a gente coloca alguma coisa dentro da caixa?

A pequena menina olhou para cima com lágrimas nos olhos e disse: – Mas, papai, a caixa não estava vazia. Eu soprei beijos dentro dela. Todos para você.

O pai quase morreu de vergonha, abraçou a menina e pediu perdão.

Dizem que o homem guardou a caixa dourada ao lado de sua cama pelo resto de sua vida e, sempre que se sentia triste, deprimido, chateado, ele tomava da caixa um beijo imaginário e recordava o amor que sua filha havia posto ali.

Valorize o maior tesouro que a vida lhe deu: sua família, seus amigos, as pessoas que se preocupam com você.

Hoje não temos tempo para nada. Por estarmos preocupados somente com o sucesso, com o dinheiro e com nossas carreiras, estamos desaprendendo a conviver com nossos vizinhos e a valorizar momentos em família. Somente você pode mudar sua vida!

Posto isso, termino aqui esta obra, apresentando um pequeno clip, com frases e imagens que complementam as dicas anteriores, que podem lhe dar força, fazendo ainda você se lembrar que:

## VOCÊ É O MAIOR ELEMENTO TRANSFORMADOR DO UNIVERSO!

# Clip:
# Você é o Maior Elemento Transformador do Universo

Paulo Araújo

# Se Você Quer...

Motivação: Hoje e Sempre

# Um Mundo Melhor,

Paulo Araújo

# Ajude a Construí-lo!

# Se Você não Gosta...

Paulo Araújo

# Da Violência,

Motivação: Hoje e Sempre

**Promova a Paz!**

Paulo Araújo

# Se Você não Gosta...

# Da Fome e da Pobreza...

# Ajude a Combatê-la!

# Se Você não Gosta...

Paulo Araújo

# Das Diferenças,

# Aprenda a Aceitá-las!

Paulo Araújo

# Aprenda a Perceber

156

# As Pequenas Coisas da Vida.

Paulo Araújo

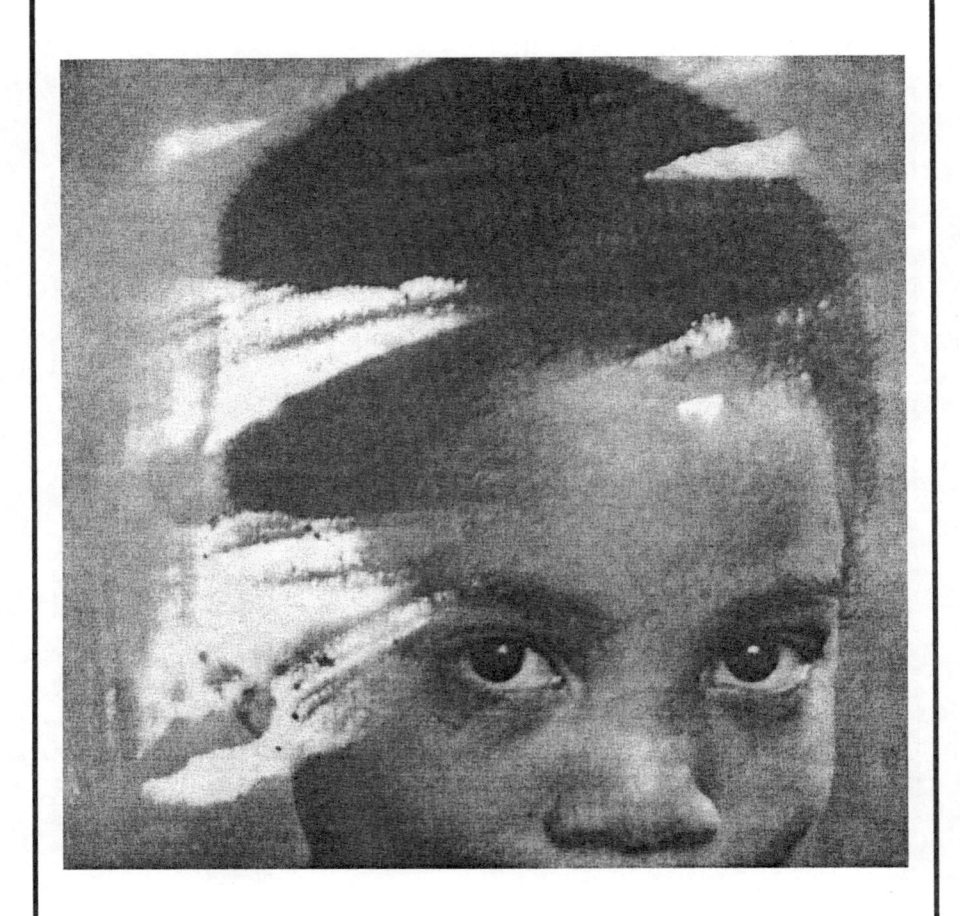

# Aprenda a Valorizar

Motivação: Hoje e Sempre

# Suas Conquistas e Vitórias.

159

Paulo Araújo

# Visualize o Topo!

# Acredite no Impossível!

Paulo Araújo

# Acredite Em si Mesmo!

# Busque a Superação!

Paulo Araújo

# Faça Acontecer!

# Você Pode Mudar o Futuro!

Paulo Araújo

# O Maior Elemento Transformador do Universo...

É o AMOR!

**PAULO ARAÚJO**

é diretor da Quality House Consultoria e Desenvolvimento em Motivação, Qualidade e Endomarketing. Administrador de empresas, pós-graduado e especialista em Marketing, Endomarketing e em Gestão pela Qualidade Total.

**Autor dos livros:**

- Qualidade ao Alcance de Todos – Acesso Rápido e Fácil às Técnicas da Qualidade Total. Editora Gente.
- Motivando o Talento Humano. Editora Eko.
- Motivação – Faça a Diferença. Editora Eko.

Diversas palestras e consultorias realizadas em empresas como Volkswagen, Brasil Telecom, Correios, Ceval, Wizard Brasil, SICREDI, Porto Seguro Seguros, Unimed, Banco do Brasil, Serrana Fertilizantes, Coca-Cola, Livrarias Siciliano, TRT–SE, Dataprev, Chocolates Erlan, SEBRAE, Furukawa Cabos, SENAC, Fisk, Shopping Guararapes, ABAD – GO, Spirit Ferretti Barcos e Iates, Associação Comercial e Industrial de Goiânia, entre outras pelo Brasil.

Para consultas e palestras contate-nos:

**VISITE NOSSO SITE
E RECEBA MENSAGENS MOTIVACIONAIS**

www.pauloaraujo.com.br
Telefone: (41) 367-5032
Celular: (41) 9124-2873

**Entre em sintonia com o mundo**

**QualityPhone:**
**0800-263311**
Ligação gratuita

### Qualitymark Editora
Rua Teixeira Júnior, 441 - São Cristóvão
20921-400 - Rio de Janeiro - RJ
Tel.: (21) 3860-8422
Fax: (21) 3860-8424

www.qualitymark.com.br
e-mail: quality@qualitymark.com.br

### Dados Técnicos:

| | |
|---|---|
| • Formato: | 16x23 |
| • Mancha: | 12x19 |
| • Fonte Títulos: | Futura |
| • Fonte Texto: | Futura |
| • Corpo: | 12 |
| • Entrelinha: | 14 |
| • Total de Páginas: | 184 |

Este livro foi impresso nas oficinas gráficas da
Editora Vozes Ltda.,
Rua Frei Luís, 100 — Petrópolis, RJ,
com filmes e papel fornecidos pelo editor.